巴黎地鐵上的人類學家

馬克・歐傑

譯者　周伶芝、郭亮廷

Un ethnologue dans le métro

Marc Augé

Un ethnologue dans le métro

目次

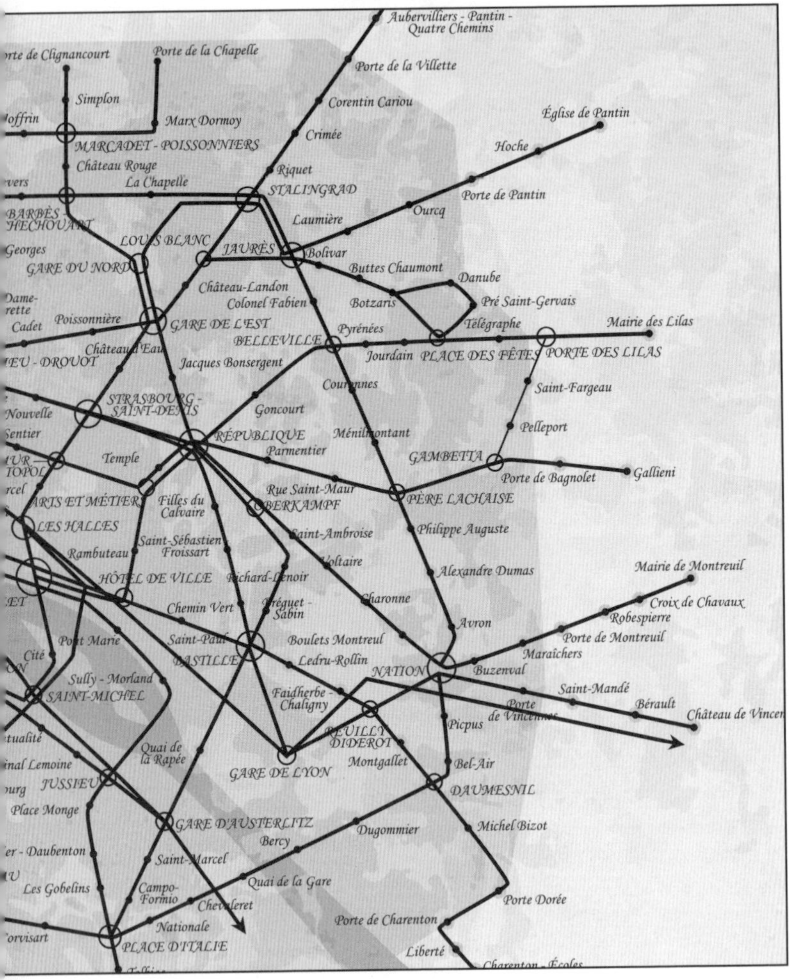
Aubervilliers - Pantin - Quatre Chemins
Porte de la Chapelle
Porte de la Villette
Simplon
Corentin Cariou
Église de Pantin
Marx Dormoy
Crimée
Hoche
MARCADET - POISSONNIERS
Château Rouge
Riquet
La Chapelle
STALINGRAD
Porte de Pantin
Ourcq
Laumière
LOUIS BLANC
JAURÈS
Bolivar
GARE DU NORD
Buttes Chaumont
Danube
Château-Landon
Colonel Fabien
Botzaris
Pré Saint-Gervais
Poissonnière
GARE DE L'EST
Télégraphe
Mairie des Lilas
Cadet
Pyrénées
BELLEVILLE
Château d'Eau
Jourdain
PLACE DES FÊTES
PORTE DES LILAS
Jacques Bonsergent
Couronnes
Saint-Fargeau
STRASBOURG - SAINT-DENIS
Goncourt
Pelleport
RÉPUBLIQUE
Ménilmontant
Temple
Parmentier
GAMBETTA
Gallieni
Porte de Bagnolet
Rue Saint-Maur
ARTS ET MÉTIERS
Filles du Calvaire
OBERKAMPF
PÈRE LACHAISE
LES HALLES
Saint-Ambroise
Philippe Auguste
Saint-Sébastien Froissart
Rambuteau
Voltaire
Alexandre Dumas
Mairie de Montreuil
HÔTEL DE VILLE
Richard-Lenoir
Croix de Chavaux
Charonne
Robespierre
Chemin Vert
Bréguet - Sabin
Avron
Porte de Montreuil
Pont Marie
Saint-Paul
Boulets Montreuil
Maraîchers
Cité
BASTILLE
Ledru-Rollin
NATION
Buzenval
Sully - Morland
SAINT-MICHEL
Faidherbe - Chaligny
Saint-Mandé
Porte de Vincennes
Bérault
Château de Vincennes
REUILLY DIDEROT
Picpus
Quai de la Rapée
Montgallet
Bel-Air
JUSSIEU
GARE DE LYON
DAUMESNIL
Place Monge
GARE D'AUSTERLITZ
Michel Bizot
Dugommier
Bercy
Saint-Marcel
Quai de la Gare
Les Gobelins
Campo-Formio
Chevaleret
Porte Dorée
Nationale
Porte de Charenton
PLACE D'ITALIE
Liberté
Charenton - Écoles

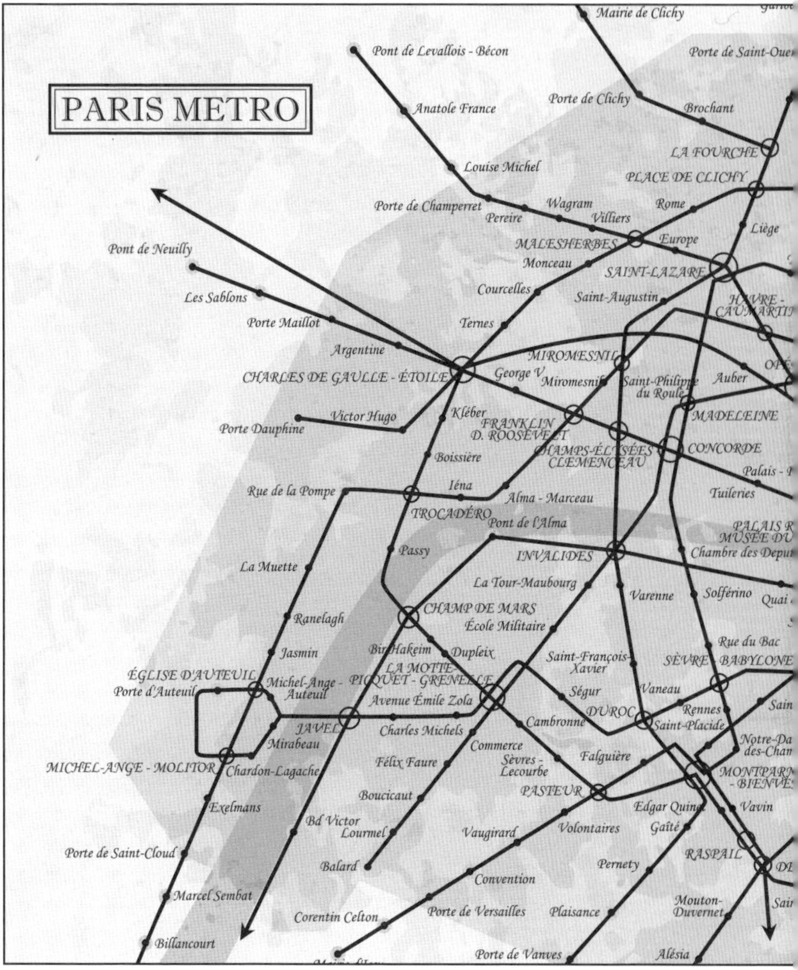
PARIS METRO
Mairie de Clichy
Pont de Levallois - Bécon
Porte de Saint-Ouen
Anatole France
Porte de Clichy
Brochant
LA FOURCHE
Louise Michel
PLACE DE CLICHY
Porte de Champerret
Pereire
Wagram
Villiers
Rome
Liège
MALESHERBES
Europe
Pont de Neuilly
Monceau
SAINT-LAZARE
Les Sablons
Courcelles
Saint-Augustin
Porte Maillot
Ternes
Argentine
MIROMESNIL
CHARLES DE GAULLE - ÉTOILE
George V
Miromesnil
Saint-Philippe du Roule
Auber
Kléber
MADELEINE
Victor Hugo
Porte Dauphine
FRANKLIN D. ROOSEVELT
CHAMPS-ÉLYSÉES CLEMENCEAU
CONCORDE
Boissière
Tuileries
Iéna
Rue de la Pompe
Alma - Marceau
TROCADÉRO
Pont de l'Alma
Passy
INVALIDES
La Muette
La Tour-Maubourg
Varenne
Solférino
Ranelagh
CHAMP DE MARS
École Militaire
Rue du Bac
Jasmin
Bir-Hakeim
Dupleix
Saint-François-Xavier
SÈVRE - BABYLONE
ÉGLISE D'AUTEUIL
LA MOTTE-PICQUET - GRENELLE
Porte d'Auteuil
Michel-Ange - Auteuil
Ségur
Vaneau
Avenue Émile Zola
DUROC
Rennes
JAVEL
Charles Michels
Cambronne
Saint-Placide
Mirabeau
Commerce
Falguière
MICHEL-ANGE - MOLITOR
Chardon-Lagache
Félix Faure
Sèvres - Lecourbe
Boucicaut
PASTEUR
Exelmans
Edgar Quinet
Vavin
Bd Victor
Lourmel
Vaugirard
Volontaires
Gaîté
Porte de Saint-Cloud
RASPAIL
Balard
Pernety
Convention
Marcel Sembat
Mouton-Duvernet
Corentin Celton
Porte de Versailles
Plaisance
Billancourt
Porte de Vanves
Alésia

Mémoires
記憶

我記得第一次見到德國士兵，是在莫貝爾廣場–互助院（Maubert-Mutualité）那個地鐵站，那是在一九四〇年，為了躲避德軍的大撤退告一段落，民眾回到巴黎之後。在此之前，德國人還只是一個無以名狀的、惘惘的威脅，迫使我們一路上遭受挫敗；我們不斷地逃，但他們總是領先。我尤其記得，我帶著混雜了好奇的恐懼，看過一架飛機轟然低空飛過距離勒芒（Le Mans）不遠的香檳村（Champagné）草原上，可是我從那架飛機完全感覺不到半點人們所說的敵人逼近的跡象，那種就像拂面吹來的幽靈一般，越來越具體的抽象；直到那個返回巴黎的早晨，在莫貝爾那一站的出口，從那個灰色眼眸的男人，從他匆忙穿越廣場的身影（至少我相信這段記憶在我腦中被保存得完好如初），我才感覺到這種跡象。

的確，巴黎人就是有這種特權，把地鐵路線圖當作備忘錄，當作一種記憶的開關，一面袖珍的鏡子，映照出青春鳥兒凌空飛過時的影子。不過，回憶的召喚並不總是那麼清晰——通常是在比較閒暇的片刻，思維才會那麼活躍——有時候，甚至只是一條偶然的路線（某一站的某個名字），就足以讓漫不經心的旅人突然發現，自己內心沉澱的地質層，和首都地底下的地理環境有著共通點——這種靈光一現的巧合，會在他層層堆疊的記憶裡，引發輕微的內在地震。然而，地鐵的某幾站確實可以連結我生命的幾個特定時期，以至於腦中浮現那幾站，或是瞥見那些站名，對我來說就像偶爾翻開記憶的相簿一樣：記憶和相簿都會按照某種次序排列，翻閱時都會令人多少感到沉靜、愉快或無聊，甚至產生憐憫之情——在這些情感變奏的背後祕密起作用的，可能是我們翻開記憶的時刻，也可以是我們尋找的對象。因此，當我經過瓦諾（Vaneau）或是塞夫爾-巴比倫（Sèvres-Babylone），我很難不想起我的祖父母，他們曾住在這兩站中間的一棟公寓裡，公寓外表簡陋，但是當我後來得知安德烈．紀德（André Gide）曾經跟他們同住在那條瓦諾街上，那棟公寓便在我眼中泛著光暈，不過那時候我的祖父母已經搬離那條街了，所以光暈只在記憶裡閃爍；公寓的窗戶面向天井，可以看到外面的馬提尼翁府（Hôtel Matignon）的公園，雖然它被修剪得像柵欄一般的樹木嚴密地保護著，侍衛隊踢著正步在走道上巡邏的奇觀卻逃不過我的法眼。在莫貝爾和瓦諾之間規律往返的路線，畫出了我童年的地域範圍，而人生的際遇（或是某種神祕的、牽引我的力量）讓奧爾良火車站–奧斯特里茨–奧特伊（Gare d'Orléans-Austerlitz-Auteuil）這條今天已經延伸到布洛涅（Boulogne）的地鐵線，成為貫穿我生命的座標軸。

最初，我的探險是從杜洛克（Duroc）那一站開始的，接下來一連串的站名，我只記得奧特伊門（Porte d'Auteuil）這一個，因為星期天我們有時候會在那一站下車，去森林或賽馬場的草皮上玩。往反方向，是樞機主教-雷蒙站（Cardinal-Lemoine）（這是哪一位樞機主教啊？）和居瑟站（Jussieu），因為離我家很近，我對這兩站的周遭環境並不陌生，但是在我幼小的眼中，那大大的站名沒有什麼實質內容，只不過是為了到達奧斯特里茨車站必須經過的幾個地點而已，一九四〇年我們就是從這座車站回到了巴黎，我也曾夢想有一天會從這座車站離開。後來，在這條我可以稱之為生命線的地鐵線上（但我在地鐵路線圖上總是只能解讀過去），基於年紀、工作、居住的理由，其他的地鐵站也陸續扮演了重要的角色：奧德翁（Odéon）、馬比雍（Mabillon）、塞居爾（Ségur）於是接連出現，路線日益複雜，卻也延展了我童年的地域範圍。

我想，這個地域範圍不只是我的漫遊和個人回憶的總合而已：

它更像是一種社會化的過程，大半由我父母的意願所主導，甚至成為他們自己的故事，我也不知道可不可以這麼說，因為他們的故事多少也是我的故事。再說，故事也會逃離他們憑自由意志所下的決定：誠如故事總是來自他方，歷史也被所謂的歷史事件分段（因為經歷過這些事件的人絕不會因此就成為這些事件的主宰），而每個事件的箇中滋味，對我們每個人來說都是那麼難以言喻，儘管我們用來訴說的文字、我們身處的情境，以及情節才剛編織完成、眼看又要鬆脫的主線，這些是多麼平庸（而這就是人生……）。總之，在我的校園、職業和家庭生活裡，一定會出現地鐵站；地鐵站名那種精準又有點抽象的文字，令我意識到我的「公民身分」，我們大可以用地鐵站名填履歷表。在這方面，我的路線和別人沒什麼兩樣，我每天和他們一起搭地鐵，從來不曉得他們要去哪裡上課，他們在哪裡工作和生活，他們來自何方去向何處，然而就在我們的眼神彼此交錯又避開的剎那，當我們的眼神停留在對方身上的片刻，他們也許正在盤算著、注意著什麼，或者，誰知道呢？正打算要改變生命，或只是改搭另一條地鐵線。

因為地鐵線就像手掌的紋路一樣，是彼此交會的；不只是在地圖上各種顏色的路線像花體字一般展開和布局，在每個人的生活和腦袋裡亦然。於是會發生這種情況，地鐵線彼此交會但是並不交錯，正如掌紋一樣：這些神奇的單色線條，假裝彼此漠不關心，卻在不經意間把一點連接上另一點，從容不迫地用最細密的分岔，讓人在岔口上完全改變了方向。套用地鐵乘客的術語，這就是「轉兩次車」。比方說，如果某人從蘭尼拉（Ranelagh）或拉穆特（la Muette）那附近出發，可是他害怕開車經過史特拉斯堡–聖德尼（Strasbourg-Saint-Denis）那一帶[1]，

1 譯註：巴黎鬧區，聚集了移工、妓女、小偷、酒吧和舞廳，以熱鬧的夜生活著稱。

他只需要搭上地鐵，先後在特羅卡德羅站（Trocadéro）和夏爾・戴高樂–星形站（Charles de Gaulle-Étoile）換車，他便能夠抵達分散在各個地方的城區，既可以到多菲納門（Porte Dauphine）那邊，也可以相反，接受魔鬼的引誘或勞工運動者的召喚，取道反向的路線，到皮加勒（Pigalle）[2]或饒勒斯（Jaurès）[3]那邊去。

對我而言，我十分清楚，把我的生活想像成直線往返的路徑，以顯示我對奧特伊–奧爾良火車站–奧斯特里茨這條線的忠誠，只是一種幻覺。因為，即使我從未完全離開過這條線，隨著我在巴黎的

---

2 譯註：位於巴黎北邊的第九區和第十八區之間，得名自法國雕塑家讓–巴蒂斯特・皮加勒（Jean-Baptiste Pigalle, 1714-1785），聲色場所和性產業十分興盛，也是紅磨坊的所在地。

3 譯註：得名於法國社會主義者尚・饒勒斯（Jean Jaurès, 1859-1914），他在一戰前夕宣揚國際工人的總罷工運動以及和平主義，並因此遭到暗殺。

這些年，也認識了其他規律的路線，其他例行的公事，其他冗長的路程（從巴斯特〔Pasteur〕、弗隆泰爾〔Volontaires〕、佛吉拉德〔Vaugirard〕到康凡森〔Convention〕；從雪榭丹丁〔Chaussée d'Antin〕、阿弗爾-可馬丁〔Havre-Caumartin〕、聖奧古斯丁〔Saint-Augustin〕到米洛梅尼爾〔Miromesnil〕……）如此每天不斷背誦之下，就像撥著一串念珠背一段祈禱文一般，不用多久，先前自動輸入的路線就被刪除了。這些路線裡的每一條，都在某個特定的時期，銜接了我的日常生活中家庭和工作的各個層面，並且逼我適應它的座標和節奏。

一個人很容易因為優雅、自然、毫不費力的走路方式，被認出來他習慣搭某條地鐵線；就像一位老練的水手在天還微亮時從容不迫地踏進他的小船，在出港時用眼角的餘光欣賞起伏的波浪，同時不動聲色地觀測風速，跟品酒師一樣出風頭，只是沒那麼專注。不過，他表面上好像沒在注意，其實他在傾聽潮水拍打岸邊的聲音，以及海灘上成群結對、海面上三三兩兩覓食的海鷗嘈雜的叫聲。同樣的，一個經驗老到的旅客，特別是當他還在身強體壯的年紀，還能保有在樓梯上一時興起、突然起跑的欲望，也會令人見識到他完美掌握身體運動的能力：在通往月台的走道上，他走得不急不徐；他看起來輕鬆自在，五官卻保持警覺。當車站的磁磚牆壁滲出列車進站的聲響，使得現場大部分的旅客開始驚慌，他卻清楚知道該不該加快腳步，因為他對距離月台還有多遠已經有充分的認識，足以讓他決定要不要賭賭他的運氣，要不就是因為他能夠聽音辨位，在這個圈套之中（有多條路線經過的車站特別像一個圈套，法文基於這個理由稱之為交匯點〔correspondances〕，至於義大利文，則更為精確、更為吻合現實的稱之為會合點〔coïncidences〕）區別出來自別的地方的聲響，另一班車傳來的讓人搞混的回音，區分犯錯的誘惑，和出遊的許諾。到了月台上，他知道在哪裡停下腳步，站定位置，讓他可以毫不費力進入車廂門內，而這個位置正好也是到站的時候，距離「他」的出口最近的位置。於是我們會看到，熟練的乘客如何小心翼翼地選擇他們出發的位置，就像一個跳高選手在測量起跑點，然後便衝向他們的目標。更講究的人會極端到連車廂裡最好的角落都考慮進去了，讓他們在到站的時候能以最快的速度下車。比較累或年紀比較大的那些人，會因為休息的需求而服從最高指導原則，積極地佔領最後一張空著的摺疊座椅，以不失分寸的矯捷身手，表現出他可是個有經驗的人。

這種像機器一樣極端精準的肢體動作，和工匠塑造一件物品時胸有成竹的模樣，有幾分神似。地鐵乘客主要在塑造的是時間和空間，他擅於以時間的標準測量空間，反之亦然。然而，地鐵乘客既非物理學家，也不是康德學派的哲學家；地鐵乘客的專長是去適應周遭的物質條件和每個身體的體積，當一個自我中心的小伙子粗魯地把門猛然一推，他懂得伸出拳頭減緩門的衝力，經過入口的旋轉門時可以不偏不倚地把月票塞入那道小縫裡，可以緊貼著牆面在最後一個轉角來個急轉彎，然後兩步併作一步跳進半閉的門內，同時避免被自動門夾到腰，並且用手臂向動也不動的人群推擠，先上車的人從來不會想到還有人要接著上車。

我們可以在地鐵站以外的地方，找到這種在習慣中磨練技巧的蛛絲馬跡，凡是一個人對於周遭空間的使用方式都是如此，下列是幾個著名的景點：酒吧、麵包店、書報攤、斑馬線、紅綠燈。這些地點雖然醒目，但是日常生活的一般練習者通常只是不經意路過，即使他們有在那裡稍做停留的習慣，在那裡暖暖身子、看看新聞什麼的，或者比較性急和喜歡刺激的，會想在馬路上測試加速衝刺的反應能力。

大多數的地鐵線都是為了符合日常所需。不是由我們去選擇要不要把它們保留在記憶裡：我們是整個被浸泡在裡面，好像當兵的回憶一樣。可想而知，我們幾乎是隨時隨地，都可以津津有味地回想起跟這些路線有關的事情。因此，這些路線讓我們回想的不是它本身，而是生命在某個片刻閃現了生命的全貌（也可能是幻覺）；彷彿一個人可以在查詢地鐵路線圖的同時，找到一種觀點（有點像安德烈．布列東〔André Breton〕的主張一般，從超現實主義的起源就存在的那種觀點），讓私生活的曲折和工作上的際遇，內心的痛苦和政治的局勢，時代的不幸和生活的幸福，在距離之外顯現出一種怪異的整體感，看起來清晰透明。

讓我們在搭地鐵的路程中交叉對照的，正是我們自身的歷史。我們今天的路線和昨天的路線彼此交錯，聚集成生活的團塊，而像行事曆一般印在我們心裡的地鐵路線圖，只能讓我們看到生活的一個切片，一個同時最具有空間向度和時間規律的面向。然而我們也很明白，幾乎生活的一切都越來越緊密地交集，以至於沒有任何隔絕的方式，能夠壁壘分明地切割個人和群體，我們的私生活和我們的公共生活，我們的歷史和他人的歷史，有時候甚至到了令我們不堪忍受的地步。因為我們的歷史本身就是多重的：日常生活的工作路線並非我們唯一記得的路線，而某個一直以來對我們而言跟其他站沒有什麼不同的站名，某個在路線上面目模糊的記號，可以突然被賦予從前沒有的意義，變成一個愛情或厄運的象徵。我們總是可以在醫院旁邊找到一家花店、一間葬儀社和一個地鐵站。每個地鐵站都帶有多重的回憶，每個回憶彼此不可化約，組成這些回憶的，是珍貴的時刻，就像斯湯達爾（Stendhal）說的，「生活的痛苦因此而值得」。這些時刻唯一的相似之處，就是它們彼此不同，而只有在稀少的一次或兩次意識特別清醒的時候，在時移事往之後，祕密的激情才會藉由大都會的地底線道，通往這些時刻。地鐵的路線就像上帝的道路，高過人的理解：人們不斷地往返其上，但是這一切行為只有到了結束才顯得有意義，只有在回眸一瞥時，才猛然領悟其中的真義。

因此，談論地鐵，就是在談論閱讀和繪製地圖。我依稀記得童年的時候，學生都被要求在歷史圖表上，測繪出法國版圖擴張和萎縮的交替情形：大革命之前的法國、第一帝國時期的法國、一八一五年的法國、第二帝國時期的法國、七〇年代之後的法國……。當地鐵路線圖將我的生命在我眼前攤開時，也有類似這種像手風琴一般層層疊疊的東西。不只如此（正如同我們必須參考其他版本的地圖：法國地理地圖、法國農業地圖、法國工業地圖……），我們可以區分出好幾種閱讀的地圖（情感生活的地圖、職業生活的地圖、家庭生活的地圖……），當然，這些地圖都和某串環環相扣的日子有關。可是，這些細膩的區分並不排斥一般性的概括；毫無疑問，我們可以用分析畫家生涯的不同時期的方法（藍色或紅色時期、具象或抽象時期……），在許多巴黎市民的一生當中區分出一個接一個的「時期」，例如蒙帕納斯（Montparnasse）時期、聖米歇爾（Saint-Michel）時期和邦努維勒（Bonne-Nouvelle）時期。這些時期當中的每一段，都搭配了一個（我們非常熟悉的）私密的地理環境：地鐵路線圖就是一張愛情國的地圖（la carte du Tendre）[4]，或是一隻張開的手，我們必須曉得

4 譯註：「愛情國」是一個想像的國度，出自法國十八世紀的斯居黛麗夫人（Madeleine de Scudéry, 1607-1701）所寫的言情小說《瑟麗的羅曼史》（*Célie, histoire romaine*），以地名反映各種情感和氣質，例如新友誼鎮（Nouvelle-Amitié）、慈愛村（Bonté）和冷漠湖（Lac d'indifférence）。

如何探測這些摺痕，才能夠從生命線到智慧線、再到感情線，沿線前進。

在這點上，有個弔詭出現了。當我們帶著做夢的神情看著地鐵路線圖，使得個人的回憶受到召喚的時候，這之中最珍貴的部分，難道不是我們因此體會到某種屬於博愛這類集體情感的東西？如果說，我們每天搭乘巴黎的大眾交通工具，讓我們不斷和他人的歷史擦身而過（得下個但書，尖峰時段除外，因為「擦肩而過」這個說法太委婉了），卻未曾真正相遇，那麼同樣真實的是，我們也無法想像他人的歷史，跟我們的歷史會不同到哪裡去。這個弔詭完全可以中斷人類學家的工作，因為他會想到還有另一名人類學家存在；可是對我而言，這個弔詭似乎也提供人類學家一種解決這個弔詭或是釐清它的辦法。人類學家所習以為常的弔詭如下：所有的文化都彼此不同，但是沒有任何文化對於其他文化來說，是根本怪異到無法理解的。至少我自己會這樣處理這個弔詭的命題。某些人類學家只信守這個命題的前半段，強調的若不是各個獨特的文化都有它絕對不可化約、無法言傳的部分（並因此採納相對主義的觀點），就是所有民族誌的描述和翻譯都有它經過變造、未盡準確、不堪一擊的部分（並因此繞了一個大彎，從認知心理學這一類的實驗科學取經，將耗時費力、但可供檢證的方法整合到民族學研究裡）。民族學在開疆拓土的時期，並沒有考慮那麼多；在文化的名義底下，民族學統合了眾多差異非常大的元素（各式各樣的工具和對象、聯姻形式、祖先崇拜和文化實踐……），並且毫不排斥把這些東西當成進化的指標，儘管民族學也承認這些所謂的「特質」（traits），會在一個社會和另一個社會之間、一個文化和另一個文化之間流通。民族學鼓勵研究者鄙視種族中心論，卻不准研究者被他的田野同化，命令他保持距離，又要他進行參與式觀察，總之，就是要逼他精神分裂，因為民族學預設了民族學者的先決條件，就是要走遍天下。

關於地鐵的經驗（我承認還有其他的經驗，不過地鐵最具有代表性）讓我面對所謂大寫他者的弔詭（le paradoxe de l'Autre）（這裡使用大寫的 A，因為涉及的是文化上的他者），可以將它代換成兩個小寫他者的弔詭（le paradoxe des deux autres）（這裡使用小寫的 a，因為他者有兩個，這個二元性會讓大寫他者的絕對性格被相對化）。請讀者允許我在這裡再一次使用引號，並且用一個我個人的例子加以說明，好讓我被更清楚的理解。我從來不懂，身為一個「信徒」是怎樣一回事。我的母親是信徒，我的姑姑們是信徒，有幾個舅舅、表兄弟姊妹也是。但我不是。我們就攤開來說吧：我愛他們，尊重他們，尊重他們的信仰，我對他們慶祝復活節或去望彌撒一點都不反感，但我也一點都沒有興趣參加；我是全然的、本能的、徹底地置身事外。與其說我在這方面缺乏感覺，不如說是我冷感，畢竟天主教就是我的文化：在我童年期間，大家該做的都做了，並且不帶任何強迫，因此，我無法將我對宗教的難以領會，歸咎於宗教太過形而上、太過權威、或是對禮拜儀式厭煩所致。不，面對那些人一副我應該自然而然相信的樣子，我一直是那麼毫無想像力，沒有想法。在我還會談這類話題的青少年時期，我和周遭親友的對話只加深了我的不解：一定要相信這個那個，好，我接受，但為什麼是根據這條教規，而不是那一條？又來了！最令人苦惱的部分，大概就是我不了解這一切到底衝著什麼而來。當有人對我解釋哪些教規必須信守、哪些又不必當真的時候，我覺得特別難以理解，什麼最重要的是個人理性、私密的信仰等等，我哪懂得這些啊？我頂多只對天主教浩大的排場有感覺，只覺得聖歌很美、去布列塔尼渡假令人回味而已。我可以理解人們上教堂的時候，心裡感覺很愉快。但是對信徒來說，心裡也許還想著別的東西。

顯然，這種難以理解是互相的。「所以，你什麼也不信囉？」有一天，一位表妹問我。我說什麼也無法讓她了解，我不相信的是那種總是自我感覺良好、什麼都可以解釋的人（解釋他們不只是「相信」，而且是信仰「某個東西」）。我可不敢發誓說，在我的表姊妹面前，我沒有從賣弄機智當中得到一種要小聰明的樂趣，但我從沒有要刻意把我的想法強加給別人、以鞏固自身的感覺：當我在自己身上發現屬於另類的東西時，並不會表現得過度訝異，因為我的教育早已幫我準備好了。

我開始受到別人的影響；甚至還可以進一步說，在許多的文化裡（每一種文化都有自己的人類學、自己對人類和人性的再現方式），無論這些文化是否知道福樓拜、雨果或拉岡，他人都對自我認同產生影響：各種元素的多元性格定義了自我，而自我作為一種混合的、暫時的、多變的事實——遺傳及各種作用之下的產物——對於民族學者的工作來說顯得至關重要，使得他們在探討社會和經濟組織的時候，不管他們是不是相對主義者，總是把理解這一切最不可缺少的篇章，獻給「人」這個很有問題的觀念。

不過，還是讓我們拋開家族的瑣事和自我的複雜面，回到地下鐵。所有我在地鐵裡遇到的人，都是名符其實的他人：我敢打賭，在偶然與我共乘同一班車的夥伴裡，有為數可觀的一大部分，不但有著與我不同的信仰和思想，就連他們的語言我都不懂（統計圖表和數據可以佐證我在這方面的觀察），當然，我這裡說的也不只是外國人，不只是那些從膚色就顯露出他們屬於和我不同文化環境的人。我甚至暗自覺得——對民族學者來說，這也許是缺乏相對論的推測——比起那位偶爾和我同走一條巷子，一邊沉思、一邊讀《十字架報》（*La Croix*）的路人，我更能親近某個來自大西洋沿岸的象牙海岸人（我認得出有幾個和我一樣在塞夫爾－巴比倫那一站下車），更能體會他的分析、他的憂慮和他的期望。

人們經常責備民族學者的是什麼？就是輕易相信一小撮報導人講的話，對這些言詞毫不懷疑，將他在某個社會裡得到確認的東西，遠超乎他能力所及的普遍化到一切社會上。我將跳過這些譴責裡各別的細節——這些細節也牽連到整體——可能有的不盡正確之處，雖然它們在某種程度上也不無道理，但這裡我只想指出，按照這種想法，所有的個體都不可能被其他個體所認識，甚至也根本不可能會有人類對於人類的知識。要是有人指責我範疇錯亂，把文化互動關係的批評套用在個人互動關係上，那麼我會以兩個問題回應：文化相對主義難道不正是奠定在批評語言、特別是批評報導人和研究者之間的溝通，也就是批評個體和個體之間的溝通上？所有文化對彼此都有某部分甚至全然不可翻譯的這種說法，不就等於假設單一文化內部的溝通是透明的，每個詞語都只有單一意義，不存在任何另類的東西，以致於把所有文化都物化了嗎？李維－史陀（Lévi-Strauss）在《種族與歷史》（*Race et Histoire*）[5]裡指出，原始人不可以被當成兒童看待（以一種演化的觀點把原始時代當成人類的童年），原因很簡單，原始人也是有小孩的人，而且他們也努力把小孩撫養成人。我們可以更進一步說，每個社會也都有他者（有他者才能稱之為社會），任何彼此「認同」（identitaires）、嚴格界定的階層和範圍（世代、階級、國族），也會因為這個簡單的道理而被相對化，包

5 *Race et Histoire*, 1961, Paris, Gonthier.

括相對主義本身。沒有任何他者是那麼無法化約、那麼另類到成為毫無差異性的觀念，這裡不只有來自他方的差異性（異鄉人的差異性），還有切身的差異性（親朋好友的差異性）。

在地鐵上，切身的差異性的跡象比比皆是，而且通常都很挑釁，甚至帶有侵略性。再一次，我先掠過不提在我們每天的路途中，那些顯示了他方的差異性、見證了世界史闖入日常生活的案例：那些在莫貝爾廣場下車、去那裡批貨，或是轉車到義大利廣場的亞洲人；那些要到安特衛普站（Anvers）去、或是在雷奧姆-賽巴斯多波站（Réaumur-Sébastopol）打掃走道的非洲人；那些吵著要參觀歌劇院（l'Opéra）的美國或德國旅行團。切身的差異性，主要來自於年輕人（所以，唉！跟我還是有一段距離），那些彷彿從電視裡走出來的年輕人。年輕，就是還擁有青春的人，對比出青春已經遠離的旁人。他們戴著耳環，把一搓頭髮挑染成綠色，令人同時覺得既困惑又熟悉：他們看起來和我們製造的關於年輕人的影像沒有兩樣——這些影像在報章雜誌和廣告裡被大量複製——正是因為如此，他們願意付出一切變得和影像一樣。當這些被影像同化的人在我們面前出現的時候，我們頂多覺得有點不習慣，但是不會感到震驚，因為我們早已見識過類似的東西。就像螢幕形象始終如一、最近被強迫改變造型的明星強尼・哈立戴（Johnny Hallyday）（即便他懂得堅持他的招牌打扮，但總有一天他不得不接受這個事實，那就是像鏡子一樣模仿他的，都是跟他年紀相仿的人），他說得很好：「偶像就是那些小鬼們永遠想要變成的款式」。[6]

地鐵因為充滿日常生活的人性，讓我們覺得格外親切，它所扮

---

6 引用自Jours de France, n° 1568, 19-25 janvier 1985.

演的角色就像一面放大鏡，邀請我們放大檢視一個我們不小心、甚至是故意忽略的現象：當世界變得煥然一新，那代表我們已彼此疏遠。常常，對我們來說是新聞，對別人而言卻是歷史。當然，成天自以為是年輕人的偶像，一朝醒來才發現自己是老人家才記得的帝諾．荷西[7]，是很難堪的事情。但是，這種經驗卻是重要的、具有代表性的：就在我們被自己的歷史緊緊抓住的那一刻，別人的歷史正從我們的身邊悄悄溜走。當我說「我們」的時候，我是指我那個世代的人，我們應該都有共同的感受，會在某個時刻察覺到不同的歷史以不同的速度平行前進時，所產生的視覺特效：屬於我們的歷史不斷加速（「沒想到時間過得那麼快……」），年輕人卻有的是時間，甚至對於人生得

7 譯註：帝諾．荷西（Tino Rossi, 1907-1983），於一九四九年成為法國第一位獲得白金唱片的歌手，唱片銷售量超過五百萬張。

經歷那麼多繁瑣的階段，還會覺得不耐煩（的確，他們得先完成學業、找到工作，然後選定人生志向、成家立業……）；不過，從另一個觀點來看，一切又反過來了：他們把我們拋在後頭，令我們錯亂地覺得他們才是開創歷史的人。沒錯，推動政治和經濟的大手不只有一隻。但是，我得這麼說，這幾隻手在地鐵裡很少相握，要不然就是祕密接觸。

當然，每個年輕人表現年輕的方式並不相同。他們各自的特質無法以穿了幾個耳洞、染了幾撮頭髮來衡量：在星期五晚上或星期六的共和國站（République）或黎塞留－土魯沃站（Richelieu-Drouot）裡，那些來自社會底層的印地安年輕人，走向他們專屬的表演區，把符合刻板印象的印地安符號穿在身上，看了教人難過。他們和那些我青少年時身旁圍繞的、來自布爾喬亞階層的年輕女孩，有什麼共通之處？和那些我偶爾在塞居爾站和聖方濟・各沙勿略站（Saint-François-Xavier）遇到、細心特意將藍色西裝外套配上蘇格蘭裙的女孩，有什麼相同的地方？

他們的共通點在於他們和時間的關係，這一點並不會掩蓋他們彼此的差異，例如出生地和成長經歷的不同，卻在他們和像我們這個年紀的人之間造成區別。像我們這個年齡層的人，別人可能把我們視為一個混雜的群體，並因為我們虛度的光陰（就像弄髒的顏色）而帶有負面的定義，總之以現代性的意識形態來看，就是被淘汰的一群人。我們每個人都有自己的印記、自己的過去，這些印記和過去跟我們的父母所擁有的都不一樣。就像孤獨的航海選手在起伏的海面上看起來彼此相像，但是透過轉播才得知他們其實是戰況激烈地在搶著拔得頭籌，我們也一樣，我們只能透過他人的言語感受到彼此的相似。我們所共有的過去是一種抽象的東西，說好聽一點，是一種建構，所以我們才需要一本書、一本雜誌或一個電視節目，跟我們解釋我們在解放巴黎或一九六八年五月運動時經歷過什麼。然而，這個從過去承接意義的「我們」是誰？終歸，誰不是滑鐵盧戰役的法布里斯？[8]

如今，滑鐵盧（Waterloo）只是倫敦車站和地鐵站的一個站名。這個景象本身不但具有歷史價值，更具有文化價值。因為，象徵「勝利」的字眼出現在地鐵裡（像奧斯特里茨、蘇法利諾〔Solférino〕、哈肯井〔Bir-Hakeim〕）[9]，代表歷史和我們日常生活的現實感、或者我們對歷史的非現實感同時存在——這裡所說的歷史和個人的歷史一樣，都是在事

8 譯註：法布里斯・戴爾・東果（Fabrice Del Dongo）是斯湯達爾一八三九年的小說《帕爾瑪修道院》（*La Chartreuse de Parme*）裡的男主角。他十七歲便參與滑鐵盧戰役，目睹英雄拿破崙的失敗，繼而進入修道院。每當回想起戰場上的一切，他甚至不確定戰爭是否真的發生過。

9 譯註：先後為法軍在一八〇五年打敗俄羅斯和奧地利聯軍、一八五九年打敗奧地利、一九四二年打敗德國的戰場地名。

後回想的過程中產生意義（所以歷史學家的爭論並不是無關痛癢的）。創造歷史的人並不一定能夠真正意識到經歷過的是什麼，而經歷過那段歷史的人裡面，也沒有任何人會認為自己的回憶和其他人相同，不是嗎？

這裡並非要畫一道壁壘分明的界線：我們可以憑直覺和經驗分辨一個世代，這件事是很重要的。同一個年齡層的人必然擁有共同的回憶，否則至少也共同擁有某些回憶，這些回憶儘管並不相同，卻無庸置疑地會讓能夠在回憶中翻找、查證的人，和只是從書本上獲得相關知識的人區隔開來。我的女兒和我之於蘇法利諾戰役的關係絕對一樣，但是之於哈肯井戰役則不，即使戰爭期間我也並不老。涂爾幹（Durkheim）（他的名字沒有成為巴黎任何一條街道的名字，因此更沒有機會成為地鐵站名）將慶典和紀念儀式當成神聖性的來源和條件。他認為，任何社會，「在固定的周期內都會感覺到一種需要，去維繫、鞏固某些集體的情感和觀念，也就是一個社會所必備的整體感和性格」[10]，並且，從這個關聯來看，國家儀式和純粹的宗教儀式基本上沒有不同。對涂爾幹來說，這些儀式都是關於記憶的的儀式，是集體記憶的節慶。「我們唯一可以在道德情感上取暖的火爐，是由我們共同組成的社會所打造的」，他寫道，而讓爐火持續燃燒的柴薪，則是我們透過集體紀念來維繫、活化的共有的過去。顯然，涂爾幹十分明白，親身經歷的過去是很有用的，已死的過去（死者的過去）很難像生者的過去那樣，可以讓個體用來取暖的社會火焰繼續燃燒。每個社會都時常需要恢復過去，就像每個人都需要恢復健康。涂爾幹所說的「社會」，我也理解成「世代」，而且毫無疑問的，他在《宗教生活的基本形式》（*Les*

---

10 E. Durkheim, *Les Formes élémentaires de la vie religieuse*, P. U. F., 4e édition, 1979, p. 610.

Formes élémentaires de la vie religieuse）書末談到的正是世代的不安：「過去令我們的父輩狂熱的偉大事物，再也無法從我們身上激起同樣的熱情，若不是因為這些東西被我們頻繁地使用到變成無意識，就是因為它們不再能夠回應我們當前的期待……」

這裡，我們可以清楚地看到，地鐵路線具有的歷史「職責」，包含了雙重而矛盾的預設。有多少地鐵站，就有多少被歌頌、被懷疑、著名的人物和情境：列車加快速度深入我們的歷史，努力不懈地來回穿梭於彼此相反的方向，穿越了偉人、名勝和重大事蹟，毫不猶豫地從甘必大（Gambetta）到路易絲．米歇爾（Louise Michel），從巴士底到星形站，或是從史達林格勒（Stalingrad）到坎波-福爾米奧（Campo-Fornio），然後轉向回程[11]。可以說，搭乘地鐵就像是在參與紀念祖先的慶典。然而，如果這是一場儀式，它也是無意識的；對於很多人，這些站名讀起來和聽起來根本沒有意義，而這些名字所傳達的，和人們所接收的，也未必是同一個東西。因此，我們可以反駁，若真有什麼儀式，那也是一場僵死的儀式：它早已無法讓今天的社會對照它的過去，讓組成社會的個人對照他們的歷史。地下鐵的路線只是把匆忙又疲憊的

11 譯註：萊昂．甘必大（Léon Gambetta, 1838-1882）是法國第三共和時期重要的政治人物，在第二帝國倒台時，領導共和派阻止保皇黨復辟；路易絲．米歇爾（Louise Michel, 1830-1905）是無政府主義和女性主義的先驅，也是巴黎公社的領導人之一；史達林格勒（Stalingrad）是二戰期間位於蘇聯南方的城市，德國納粹及其盟國曾於一九四二年到一九四三年在此發動侵略攻擊，一九六一年改為現在的名稱伏爾加格勒（Volgograd）；坎波福爾米奧條約（Traité de Campo-Fornio）是法國和奧地利於一七九七年簽訂的條約，標誌著拿破崙於義大利戰場的最終勝利，和法國大革命的戰爭終結。

男男女女，分散到巴黎的各個角落，讓他們在緊張的日常生活中，看著地鐵路線圖上那成串的站名、計算著或快或慢的路程所耗費的時間會令他們遲到或早到時，可以盼望遇到空位多一點的車廂，或空曠一點的月台。

因此，誰也不敢肯定，我們能夠在地底下找到新的社會活力，發現團結或是交集的泉源。對於地鐵站名所要紀念的歷史，這些名字的召喚不夠有力，也不夠普及，無法在這些名字所企圖指稱的共通性，和各個不同路徑的多樣性之間，在兩者的交叉點上，讓某種類似集體情感的東西誕生。然而，當我和一個玩足球的朋友在奧特伊門下車的時候，當我緊跟著球賽觀眾的步伐、快速而有秩序地往球場移動，有那麼一刻，我瞥見類似的情緒一閃而過。抵達奧特伊門站之前，我們已經能夠在車廂裡輕易地辨認出要去看球賽的人，不只是些微躁動的年輕人，他們手中握著還沒撐開的布條，有一陣沒一陣地大聲呼喊辨識度很高的群體口號，還有那些安靜的旅客，他們三三兩兩或形單影隻，當他們和我們眼神交錯的時候，總會流露一種路上的旅伴才會有的默契，一種片刻的幸福，一種貼近生活、深植在日常休閒裡的快樂。因為，只有在日常的習慣當中，才能提煉對於體育的愛好，當眼睛不斷在自動門上方的路線圖上確認還有幾站的時候，儘管這些名字眾所皆知，嘉維爾站（Javel）總是緊接著夏爾・米歇爾站（Charles Michels），奧特伊教堂站（Église d'Auteuil）一定在米開朗基羅-奧特伊站（Michel-Ange-Auteuil）之前，新進的參與者還在猶豫到站了沒，死忠的球迷早已像著了魔一般迫不及待。即將到來的球賽，必定令人回想起先前的賽事，正因如此，每當總決賽來臨，期待了一整年的群眾才會熱鬧地湧入地鐵裡。在類似的情況下來到奧特伊球場的人，很難不在這個大城市的地鐵中，感受到他們在這裡尋尋覓覓的珍貴的情感：重獲新生的幸福感。只有經驗老到的體育愛好者，能夠聽出奧特伊門這個站名的弦外之音，他們平日就常來這裡，知道有一天他們會在奧特伊門-布洛涅這條地鐵線上，再次相聚。

如果說，每個人都有自己的過去，那麼，一定也有某些人記得自己曾和別人一起經歷他人過往的殘片，並體會到和他人分享回憶是什麼感覺。他們知道彼此共處在同一種精神運動裡，在某些特定的情況底下，將當下的目光轉向過去，使得當下轉變為某種奇特的永恆。儘管記憶一定有不忠實和主觀的成分，但是，當兩個人從平行關係到互相交集，當他們在不經意的時候，因某次相遇而開始對話（「啊，真的！你也認識他？……等等，那是一九六六還是六七年？我想應該是六七年……」），地鐵路線常常就是可靠的標記，可以和每一季的體育賽事、和固定的時程表互相對照。

偶爾，個人的記憶也會和比較普遍的集體記憶混淆，這時候，代表了某個集體事件的名稱，就會在某個人的身上凸顯出象徵性的意義。比如一個叫法布里斯的人，經過滑鐵盧站的時候可能有不尋常的感覺，大概也有不少乘客經過夏隆站（Charonne）的時候，回想起自己和別人的際遇[12]。毫無疑問，只有像我這個年紀、在聖日爾曼大道（boulevard Saint-Germain）和孟哲路（rue Monge）交叉口溜達過一段歲月的人，才會把莫貝爾廣場-互助院站、樞機主教-雷蒙站和巴黎解放戰爭、德維森．勒克萊爾路（division Leclerc）連在一起；但是還有別的名字，會在其他人的腦海中，喚醒一些不只是私人的記憶。這些名字

12 譯註：一九六二年二月八日，反對阿爾及利亞戰爭的遊行民眾在夏隆站的入口附近，遭到警察的暴力鎮壓，造成九人死亡，兩百多人受傷。

裡的某幾個，響亮到足以呼喚出浩大的戰爭場面（香榭麗舍–克列孟梭站（Champs-Élysées-Clemenceau）、夏爾・戴高樂站），另一些則直接令人意識到相關的歷史建築的畫面（瑪德蓮站（Madeleine）、歌劇院、協和廣場）。

這種意識，就是歷史意識：當車站改名的時候，我們特別意識到它所反映的過去。並且，街道和車站因為現實的需要而改變的名字，常常是某個地名。比方說，在地鐵路線圖的名人榜上，這些意涵細膩的名字通常會和交通要道或是廣場扯上關連，彷彿地鐵討厭跟這些地點分什麼你我似的，樂意接納某條街道成為自己的一部分，而不求任何回報。

地鐵越遠離巴黎市中心，似乎就越失去歷史感（區域快鐵更是令人加速遺忘）[13]，歷史就這樣消失在地圖的繪製裡。所以，像馬拉可夫-艾提安多雷路（Malakoff-Rue Étienne-Dolet）、布雷葉十字路（Carrefour Pleyel）、維克多大道（Boulevard Victor）、馬歇納大道（Boulevard Masséna）這些站名，都難免令人覺得有距離感，它們強調的是地理的關係，而非歷史的來源。同時，鐵道網路還在不斷擴張，把它的經脈延伸到嚴格意義上的巴黎居住範圍之外，使得新增的站名在巴黎佬的眼中看來，越來越富有異國情調（列瑞利歐〔Les Juilliottes〕、夏佛十字路〔Croix-de-Chavaux〕），有時候甚至帶有些微的小說色彩，因為這些站名同時喚起邊境和出遊的聯想（聖德尼—巴黎門〔Saint-Denis-Porte de Paris〕、奧貝維埃—龐丹四路

13 譯註：區域快鐵（Réseau Express Régional，簡稱RER），大巴黎地區的網路系統，共有五條鐵路線從不同方向貫穿市區、延伸至城市外圍，是巴黎郊區以及周邊市鎮的民眾最主要的交通工具。

〔Aubervilliers-Pantin-Quatre-Chemins〕）。當我們人還在法蘭克林・D・羅斯福站（Franklin D. Roosevelt），會覺得香榭麗舍就在附近，前後就是克列孟梭站和星形站，可是一到夏爾・戴高樂－星形站，我們會訝異轉個車就可以去到很遠的地方。

雙拼的名稱在地鐵裡並不稀奇，它們有各自的來由；通常它們指的是兩條路的交叉口（雷奧姆－賽巴斯多波站），或是兩個彼此相近的地點（夏特雷－大堂站〔Châtelet-Les Halles〕）。夏爾・戴高樂－星形站這個站名的獨到之處（但並非獨一無二，因為香榭麗舍－克列孟梭站也是如法炮製），在於它是人名和地名的並置。這兩個名字之所以如此契合（這個站名很快就被用來指車站本身，以及從這一站到民族廣場站〔Nation〕的地鐵線，然而戴高樂廣場卻常被簡稱為星形廣場），還得感謝一連串的巧遇，例如讓「民族廣場」遇見「戴高樂」這類地鐵站名創造的特殊用法。

巴黎解放時，戴高樂沿著香榭麗舍大道、從星形廣場走向協和廣場的身影，他容光煥發，傲視著群眾歡呼的神情早已廣為人知，以十足炫耀的方式成為一種混雜了登陸作戰、解放和拯救的象徵。他的臉就像拍照一樣留印在好幾代人的腦海裡，即使是事發當時尚未出生的世代，也可以透過新聞資料的畫面還原他的真實性格，那種同時是歷史的、又是神話的、開創者的形象。在這方面，「夏爾．戴高樂–星形站」這種表達方式具有多重的象徵意義，激發眾多的想像，喚起許多的回憶。

不過，必須補充說明的是，這種表達方式，是基於我們對地鐵讓名字不朽的敬意，才被大家廣為使用的，即使我們不知道名字背後的意義是什麼。單以人名來說，如果我們檢視巴黎大眾運輸公司（RATP）的使用方式，我們可以發現，有的站名會連名帶姓，有的則只有姓。我們因此有了阿納托爾・法朗士（Anatole France）、維克多・雨果（Victor Hugo）、夏爾・米歇爾、菲利・福爾（Félix Faure）這一系列的站名，以及另一類像是加里波底（Garibaldi）、龔固爾（Goncourt）、米拉波（Mirabeau）和勒佩勒堤耶（Le Peletier）的站名；同時，我們說話的時候，也會用「塞夫爾」代替「塞夫爾–巴比倫站」（這個慣用語表達了這個地鐵站的重要性，以及大家對它的敬意，因為當我們說「塞夫爾」的時候，沒有人會想到另一個地鐵站塞夫爾–勒庫柏〔Sèvres-Lecourbe〕，然而米開朗基羅–奧特伊站卻和米開朗基羅–莫里多站〔Michel-Ange-Molitor〕一樣有名），或是用「丹佛」（Denfert）代替「丹佛–羅什洛站」（Denfert-Rochereau）。不過，我們絕不會用平常對待同事的方式，單用姓氏稱呼地鐵站名人榜上的大人物，更不會不識相到直呼他們的名字：我們從來不會說我們在「羅斯福」、「福爾」或「雨果」站下車，更不會說在「法蘭克林」、「菲利」或「維克多」站下車。

但是話說回來，「夏爾・戴高樂–星形站」和「香榭麗舍–克列孟梭站」之所以比「蒙帕納斯–班維呂」（Montparnasse-Bienvenüe）這樣的站名更響亮（儘管我們理所當然必須向傅然斯・班維呂〔Fulgence Bienvenüe〕這位巴黎地鐵之父致敬），是因為它背後的歷史，是我們仍然感到親切的歷史，而不是因為它像阿萊西亞、康凡森、耶拿這些令人聯想到偉大事蹟的站名，或是像聖–保羅、艾堤安・馬歇爾或岡布隆這些以偉人命名的車站一樣，遙遠得就像埃皮納勒城印刷的版畫[14]。

14 譯註：阿萊西亞（Alésia）是凱撒打敗高盧聯軍的戰場名；康凡森的原文Convention Nationale指的是國民公會，亦即法國大革命時期的最高立法機構；耶拿（Iéna）為拿破崙打敗普魯士軍隊的戰場名；聖–保羅（Saint-Paul）即為耶穌的使徒保羅；艾堤安・馬歇爾（Étienne Marcel）是十四世紀的巴黎商人，層領導布爾喬亞階層反對國王的苛稅；岡布隆（Cambronne）是拿破崙軍隊的將軍。埃皮納勒（Épinal）是法國東北部的小鎮，自十八世紀末起，以印製類似連環圖的版畫聞名。

至於某些不合時宜的站名，則傳達了一種對歷史的忠實，例如特羅卡德羅這樣的站名，令人想不到它的另一個代表現代主義的名字夏樂宮（palais de Chaillot），或是像眾議院（Chambre des Députés）這樣的站名[15]，念起來還繚繞著第三共和時期的迴聲，還迴盪在聖日爾曼平民區的街景當中。

或許，我們只是經過，腦袋空空地就從巴士底（Bastille）到了阿萊西亞，從巴斯特或聖奧古斯丁到了羅伯斯庇爾（Robespierre），習慣到對於某些名字所代表的典型巴黎意象無感（梅尼蒙當〔Ménilmontant〕或皮加勒，西堤〔Cité〕或新橋〔Pont-Neuf〕，米拉波或丁香門〔Porte des Lilas〕），儘管這些名字混雜著巴黎人的回憶、他們哼唱的曲調，讀過的書頁和看

15 譯註：已於一九八九年改名為國民議會站（Assemblée Nationale）。

過的電影。然而，只要一個小小的意外，就可以讓我們意識到自己的文化和歷史歸屬。例如公共建設就具有激起這種意識的權力，或者更是義務（至少在法國我們對「公共」的概念是這樣），所以像羅浮宮（Louvre）那樣的地鐵站會精心裝修，先讓遊客在地底下當複製品的觀眾，這樣他們就會更迫不及待地去地面上一窺真跡。然而，在激發我們的歷史意識這方面，最有效果的莫過於成群移動的外國觀光客了。當列車停靠在高檔的景點，聽見他們讚賞著陳列在羅浮宮站月台上的仿冒品，或是以陶醉的口吻喊著：「歌劇院！」「巴士底！」，這種感覺並非三言兩語可以道盡。這些觀光客讓我們的歷史變得具體；我們的歷史因為與他們相遇而存在。突然間，我們似乎變成景觀的一部分，就像一個希臘人站在萬神殿旁邊，或一個埃及人站在金字塔旁邊一樣：當我們旅遊的時候，我們會傾向認為萬神殿或金字塔這種東西，對當地每個人應該都有至高無上的重要性，至少在我們眼裡，他們在族群和文化上的獨特性，是由這些紀念性的建築物界定的。在地鐵站的通道間，我們多多少少覺得好玩地看著觀光客；但只要一到站，當某位不知來自何方的觀眾以外國口音念出站名，並為這個站名重新打上歷史的光暈，這時候，我們便不由自主地融入某個景物之中，擔綱某種角色或職責，連我們挑起的眉毛或微揚的嘴角，都必定顯露出巴士底的過去和歌劇院的華麗，都必須和我們歷史文化的起源相互輝映。

假如冷不防有個外國人主動問我們，那些最常見的地鐵站名背後的起因和典故（阿爾瑪—馬索〔Alma-Marceau〕、丹佛—羅什洛、拉莫特—皮凱〔La Motte-Piquet〕等等），毫無疑問，我們一定會被逼得閃閃躲躲，就像那些部落裡的長老面對頑固的人類學家，被逼著解釋為什麼信仰某個神的女性成員必須在頭髮上插一根紅色羽毛，她們服侍的神又為什麼叫這個名字而不叫那個名字，通常在這種情況下，我們只能像這些長老一樣，絕非存心蒙混地對那位好奇的提問者說，我們什麼也不曉得，我們很熟悉這些名字，但從未了解背後的原因，只模模糊糊知道馬索是法國大革命的將軍，阿爾瑪好像跟阿爾及利亞的法國步兵團那段歷史有關。

因此，地鐵的旅人並不見得一定沒有共通性，沒有機會去發覺他們和其他人有共同的歷史參照，或是某些過去的碎片。只是，這種經驗很難是集體經驗。地鐵並不是共時性的場所，儘管它有規律的時刻表供人依循：每個人都有自己的節日、自己的生日要慶祝；每個生命都可以寫成一本獨特的傳記，而同一個人的情緒又是那麼的千變萬化，即使像協和廣場或巴士底那樣的大站，也只有在某些特殊的節慶時刻（反對種族主義的大型活動、選舉），可以讓這些場所的名字找回過去的光采，那種感動人心的力量，使得集體的情緒沸騰。平常的時候，我們頂多感受到的是破碎的神聖性（每個旅客都會邂逅自身的歷史），或是從某些紀念儀式殘留下來的儀式的神聖性，我們只能依稀記得，但已失去詮釋它的能力。我們甚至可以說它是空洞的、死亡的形式，只能等待大寫的歷史（Histoire）（以大寫的H標示，因為這是他人的歷史在某個瞬間被視為全體人類的歷史），再次賦予這些儀式意義。這是為什麼，我們會在非洲或美洲看到基督教運用古老的儀式，賦予這些儀式一種存在的價值，即使旁人很難從觀察得知儀式的形式和內容產生了什麼變化，很難描述這種新型的宗教，畢竟新宗教不能被化約為構成元素的總合。事實上，這個現象呼應了所有誕生的祕密。

我們當然可以想像，有人搭地鐵只是為了高興，為了尋找某種沒有人能夠無動於衷的情感來襲。像這幾年，在塞居爾站，不知從哪裡傳來一陣陣的旋律，穿透了每條通道，我想它應該在不只一位過客的心中引發對大海的懷念，或是對海洋的恐懼。在協和廣場站，那條連接巴拉德－克雷泰伊線（Balard-Créteil）和文森－訥伊線（Vincennes-Neuilly）的通道上，有個手風琴師坐在那裡彈奏戰後的曲調（〈粉紅櫻桃花與白色蘋果花〉〔Cerisiers roses et pommiers blancs〕、〈鸛鳥歸來〉〔Les cigognes sont de retour〕、〈小白酒〉〔Le petit vin blanc〕），和這些歌曲一起走過歲月的人們聽來，應該有一股特別的滋味。然而，我們也得承認，就像大家說的，人們在日常生活中選擇某條路線是因為根本沒有別條，他們考慮的只有遵守習慣或違反習慣，他們和別人的歷史擦肩而過，偶爾感受到彼此輕微的擦撞，然後匆匆經過那些被令人無感的集體記憶所命名的街道，只在很少的時候，隔著一段距離，才會感覺到這些名字還具有某種效力。有一天，我在塞內加爾的一條河邊的村莊裡，當地房子的屋頂不是用稻草蓋的，而是遠走法國的工人花他們的薪水，用更為堅固耐久的鐵皮蓋的。我遇到了一個友善的男人，他跟我說，他曾經在巴爾貝-羅詩舒瓦站(Barbès-Rochechouart)附近住過一段日子，「啊！巴爾貝-羅詩舒瓦……」，我像個白癡一樣重複念著這個字，然後我們兩個都笑開了。我們都很高興有這樣心照不宣的一刻，只有地鐵站名能夠引發的一刻。

Solitudes
複數的孤獨

關於搭地鐵的過程，如果真的有所謂儀式可談的話，而且「儀式」這個詞在這裡的意思，又和平常帶有貶意的、變成只是習慣性的同義詞的那種用法不同，那麼，也許我們可以從以下的觀察開始談起，它概括了所有儀式行為的弔詭和趣味：對於旁觀者和被動的參與者來說，儀式是反覆、規律、毫無驚奇可言的，但是對於每個積極投入其中的人來說，儀式卻是獨一無二的。弔詭，卻也殘酷，就像我們瀏覽訃聞版，突然在某個剎那停住，因為某個我們一直以為會活下去的死者名字，毫無預警地冒了出來。他的名字在我們的腦海中重現他的面孔的那一刻，同時也代表他不存在於現實世界了，他的名字讓我們再一次想起他來，只是為了再次隱沒，把這個和私人回憶糾纏不清的影像，推入俗世的洪流中。

地鐵的規律性是理所當然的，也是被建立出來的。從第一班到最後一班地鐵都具有一種近乎詩意的魅力，在日常生活的秩序中守住一個不變的位置，象徵著不可違反的時間序列，不可逆轉的時程，周而復始的日日夜夜。從空間來說也是一樣，大眾運輸系統具有一種與其說是地理的，不如說是功能的、幾何的敘事模式。我們總是可以輕鬆計算出從這一點到那一點最經濟的路徑，在某幾個地鐵站裡，我們甚至可以找到一面自動化的電子地圖，好奇的旅客只要按下他想去的那一站的按鈕，他就可以從一連串的小亮點，從相互接合又彼此對比的痕跡中（每條線都有自己的顏色），讀到他的理想路線。小時候，我對於這個光的遊戲很著迷，經常利用我母親和她朋友交談、而沒注意到我，或是離峰時段等等這些自由的片刻，跑去從大量的單色線條中，發明我認為非常珍貴的路線，一條連著一條，就像國慶日夜晚的掛燈一般。

今天的孩子們有別的遊戲，比我過去樂在其中的排列組合練習更為複雜，比起計算的樂趣，他們需要更多眼球的快感，對他們來說毫無疑問，按鈕和電子地圖無法和現代科技日新月異的魅力相比。但是，就地底通勤的效率而言，地鐵路線圖仍舊是不可或缺的，它給予的說明總是自然流露出一種無私的語調，同時具有圖表的普遍性、自動的實用性和重複使用的特質。透過某種書寫的形式，以動詞原型造出類似祈使句的句子，為這份無私增添一種規範的意味：「前往凱旋門的旅客，請搭承奧特伊門-布洛涅方向的列車，在拉莫特-皮凱-格勒內勒站換車，於夏爾．戴高樂-星形站下車。」這是所有類型的指導手冊會使用的語言，從教會儀式到說明書、從食譜到祕笈都是如此。就連口頭的指示用語（「要去民族廣場的話你就搭丹佛線在巴斯德換車」）都難免有這種去除個人色彩的、普遍化的調調；我們不確定這裡應該用

「你」還是「你們」，應該指涉個別的主體（我們當時的對話者，那個疑惑不知道該往哪個方向走的人），還是一個由無名的個體構成的階層（所有被假設想要往同一個方向去的人）。其含糊不清，如同以下這些常用的表達方式：「你給他們這個」（手指微開狀），「……他們得到了那個」（雙臂大開狀），或是「隨便你，反正改天你一定要去那裡看看就對了。」

於是，在地鐵這塊畫布上，我們每個人都像雜耍演員，默默參與這一切的演出，一起建立一套屬於公共場所的人類行為法則。這裡，令人格格不入的公共空間也有它的象徵意義——公共空間包含各種錯綜複雜的意圖，而最能夠彰顯集體一致性的，就是禁止的號誌（「禁止吸菸」、「禁止通行」）。

顯然，沒有任何人可以在地鐵上「自由自在」的行動，任何行動都不可能享有完全的自由，不只是因為任何自由都無法在社會裡全然實現，更精確的說，是因為地鐵通勤被編碼、被制約的特質，在每個人身上強加了一套行為模式，而一個人只有在他的言行被公權力制止、或是不受其他旅客認可之際，才算稍微擺脫了這種行為模式。若是有一天，最趕時間或是最不在乎他人的旅客，可以敏感於自身的榮譽和自發的道德感，而主動放棄從掛著「禁止通行」牌子的通道走出地鐵站，那麼民主便毫無疑問地邁進了一大步。必須承認，某些人對道德是敏感的（最令人訝異的或許是這種人並不太多），而且他們多多少少還很樂意、很天真地甘冒第一個被推倒的風險，被別人使拐子報復，尤其是被像我這種崇尚盧梭式自由的人。

地鐵的法規無論是否被違反，個人的旅程勢必在它的彙整之下，變得合乎集體道德，也正是這樣，它足以被當作一個樣本，用來觀察我們所說的儀式的弔詭（le paradoxe rituel）：地鐵的法規總是被個體和主體所經驗，只有在個人搭乘地鐵的過程中，這個法規才能被賦予現實意義；然而，地鐵法規顯然又是社會性的，同一個法規適用於所有人，讓每個人都能分享一種最低限度的集體認同，藉此被定義為一個社群。以至於，若是有位觀察者，一心想表達出巴黎地鐵這個社會現象的本質，他必須意識到的，不只是地鐵固有的集體性格，還有這種性格所附帶的個人發展和私密想像。若無個人和私密的部分，集體性就毫無意義可言。總之，這名觀察者必須把這個現象當作一個整體社會事實（un fait social total）來分析，誠如牟斯（Mauss）對這個術語所下的定義，以及李維-史陀更加仔細而繁複地指出的，整體社會事實必然涵蓋一些主觀的面向。這樣的分析，除了導向搭乘巴黎地鐵的大眾性、公共性、甚至是強制性（以此和世界其他的地鐵做出區隔），也必須正視地鐵在日常生活中鮮明的集體性和孤獨感。因為對每個天天搭地鐵的人來說，地鐵最通俗的定義正是如此：沒有節慶的集體性，未被隔離的孤獨感。

毫無疑問，一名地鐵社會現象的外來觀察者，很容易從上面的描述擷取這個關鍵字：孤獨（solitude）。當這名觀察者立刻發現，他必須把孤獨寫成複數（solitudes），他的觀察便挑動了其中的弔詭，因為這個在字尾加上的 s，表示車廂（容器）的容量對聚集的乘客施加了某種限制，而工作時刻表則決定了上下車的時機（內容）：在人有點多、看起來有點亂糟糟——隨時有可能變得一發不可收拾——的情況下，我們被迫彼此接觸，或是採取防衛，或是爆出笑聲，簡而言之，就是創造了一種偶然而短暫的關係模式，但也開展了一種互相分享的情境；然而，在慵懶的夏日午後，或是疲憊的冬夜，總之是人有點少的時候，孤獨的旅客會根據自身的年齡、性別和當時的所在位置，突然發覺自己完全能夠理解社會規範的巨大價值（公共權力保障了他的人身安全，官方說法不再是空洞的言語），或是相反的，在荒涼的走道盡頭，聽著自己腳步聲在拱頂下怪異的回音，看見對面出現一個可疑人物，可能是小偷、強暴犯或殺手，體會到無比的焦慮。

孤獨在不同的時刻變成了好幾種。清晨的第一班地鐵，是最令人興奮、可能也是最沉靜的一班車，趕搭第一班快速列車的旅客，偶爾會搭文森－訥伊線在里昂車站下車，但平常看到的都是各行各業沒精打采、百無聊賴的工人，他們翻著報紙，或是直接倒在車廂兩端的軟墊長椅上面。他們的身體和最不舒適的外在環境都能完美結合，彷彿是為了在向出口處衝刺之前，做最後的休息。每天清晨，他們都可以在車站的牆上看到同樣的巨幅廣告，一隻狗和一隻貓帶著悲傷的眼神，祈求路過的旅客不要忘了幫牠們點驅蟲藥（也許，他們就跟牠們一樣，只能兩手交疊，打著瞌睡）。

我記得我第一次搭的第一班地鐵。那年，我是一個沒有煩惱的年輕人（我的意思是說，我不會帶給別人煩惱，尤其是我的父母），我大約十七歲，剛參加完人生中第一次的家庭舞會，一切就像更早些年我參加的第一次聖餐禮：沒有絲毫激動，卻是全神貫注，而且充滿好奇。這場舞會並不是很好玩，比較像是某種體育活動，一直到接近凌晨四點的時候，我才感受到它儀式性的一面，我等待著五點半的發車時間，女孩子們都睡著了，我的額頭靠著玻璃窗，窗外依舊是黑矇矇的冬夜。

接著，來到了上班時間，它不像第一班列車那樣，召喚的是勞動者的巴黎，就像波特萊爾（Baudelaire）在《巴黎寫景》（*Tableaux parisiens*）這組詩的最後一首〈晨曦〉（Le crépuscule du matin）所寫的：

披著紅綠長袍的哆嗦黎明
在荒涼的塞納河緩步前進，
悒鬱的巴黎，彷彿辛勤老頭，
揉揉眼眸，扛著工具。[16]

正確地說，這幾行詩在我心底掀起的不是回憶，而是一系列本來褪色、散落的意象，被這些詩句重新搜集，並且清理得輪廓分明：那個年代，貝納丹路（la rue des Bernardins）、亞伯特神父路（la rue Maître-Albert）和畢芙爾路（la rue de Bièvre）都是如此，在塞納河畔林立著老公寓，在擁擠的房子中間開鑿出一條條羊腸小徑，街邊的店家從事著今

16 譯註：此段詩行採用的是莫渝先生的譯文。

天逐漸消失的工作，賣煤炭的、織掛毯的、換玻璃的、給椅墊塞稻草的、磨刀的、補破網的，以及小資產階級女性的神，女帽設計師和裁縫師。遇上周四，我們要去杜樂麗花園（Tuileries）的時候，我們偶爾會繞開寬敞的人行道，例如聖日爾曼大道和拉康哲路（la rue Lagrange），經過那些各式各樣的店家，接著從拉杜奈爾橋（le pont de la Tournelle）跨過塞納河，然後一直走到市政廳（Hôtel de Ville），這樣就可以省下轉兩次車的麻煩。有時候（在我的回憶裡，多半是星期天的時候），我們還會沿著河堤漫步，在拉杜奈爾橋上看一眼（星期天的）畫家，他們總是久久坐在那裡，從公園廣場的方向，富有想像力地望著聖母院那被畫過成千上萬次的景觀，然後以對比鮮明的顏色，用粉彩把它描繪成黎明或是晨曦的樣子。對我來說，他們主要使用的那種玫瑰紅和綠色，都是屬於波特萊爾的顏色。

在我們身處的這場劇烈轉型的末期，巴黎依然有工人，但是住在巴黎市區的工人越來越少，因此，清晨的地鐵總是在某幾站，特別是聖拉查（Saint-Lazare），被可觀的人潮塞滿，這群人行色匆匆、縮成一團（concentrée）（這裡至少有兩層意義：其一，在這個寂寞群眾的「縮影」〔concentré〕裡，每個人似乎都受到一份被精密計算、牢不可破的時刻表所牽引；其二，這群人都像體育競賽的冠軍一樣，把焦點縮限〔se concentrer〕為一個必須達到的目標。）到了夜晚，同一群人反過來從地鐵大量傾洩到鐵路線（SNCF），從城市回流到所謂可怕的城郊地區，即便區域快鐵試圖把市區的行車調度站設在那裡，也掩蓋不了郊區的荒涼。接近八點半到八點四十五分之間，人潮依然擁擠，卻多出了一種社交氛圍：同事們相遇了，打過招呼，談天說笑。然而，孤獨並沒有被沖淡。像人類學家這樣的觀察者，反而掌握了更有力的證據。他只要數一數車上的報紙就知道了，這些報紙是一面個人的小旗幟，不算囂張地在眼前攤開（大大的字體寫著《解放報》〔*Libération*〕、《費加洛報》〔*Le Figaro*〕——地鐵上似乎以《解放報》居多——但也有《自由巴黎人報》〔*Le Parisien libéré*〕[17]，和幾份前一天的《世界報》〔*Le Monde*〕）。若是他往打開的版面一瞥，他便可以想像得到每位讀者各自關心的事物，根據這名讀者是被社會案件、體育新聞或是政治局勢吸引而做判斷，甚至他自己也跟著讀了起來，回想起今天早上聽到收音機裡的晨間新聞。

如果我們貼近觀察，我們會發覺地鐵乘客在從事各式各樣的活動。大部分的乘客在閱讀（雖然某幾條線的書卷氣比其他條線更重），大多數讀的是漫畫，或禾林（Harlequin）出版的言情小說。就這樣，冒險或香

---

17 譯註：於一九八六年改名為《巴黎人報》（*Le Parisien*）。

豔火辣的情節，澆灌了每顆孤寂的心，讓他們暫時拋開周遭的環境，沉浸在激動的狀態，又不至於忘了下車。當一長串一成不變的站名，隨著讀者的思緒漫遊而逐漸散亂之際，那恐怕是再有誘惑力的圖像或故事，也無法收束的思維活動了吧？這個問題曾被一位作家（喬治．培瑞克〔Georges Perec〕）[18]反過來表達他對於文本的焦慮：「文本將變成什麼，剩下什麼？當一本小說在蒙嘉雷站（Montgallet）和賈克．彭瑟金站（Jacques Bonsergent）之間被翻開，它是如何被感受的？文本是如何被剁碎的？閱讀是如何被身體、他人、時間和喧鬧的集體生活撕裂的？」

有人在打毛線，有人在玩填字遊戲，有人在改作業，他們表面上比較容易觀察，因為他們的活動可以理所當然的在當下被還原。但

18 《思考／分類》（*Penser/Classer*），Hachette, 1985。譯註：法國傳奇作家，文學潛能工坊「OULIPO」的核心成員。

是在他們清晰可辨的外貌背後，思緒可能更難以捉摸，因為我們根本無從追蹤起，無論是他們的妄想、欲念或是幻覺，都不會流露半點痕跡，被他們那副正在專心解決技術性問題的模樣所掩蓋。還有一些年輕人，陶醉在我們聽不見的神祕音樂裡，除了他們音量沒調好時，會發出一點噪音。如此一來，就真的無從觀察起了，儘管他們目光朦朧，身體裡面好像有克制不住的瘋狂，跟著陣陣旋律搖搖擺擺，使得在一旁訝異地看著他們的路人，似乎都成了聾子（或者成了我們今天說的聽覺障礙〔malentendant〕，但也許這裡涉及的更是溝通障礙〔malentendu〕）。這些行為暗示著某種東西（但是什麼？），關乎祕密的不安，靈魂的騷動，和隨身聽使用者的音樂癖。

也有一種人（大部分默不作聲）什麼也不做，只是乾等，他們看起來近乎面無表情，然而，細膩的觀察者（閒逛者，或不帶偏見的旅人）卻可以在偶然間，捉住他們臉上閃過的一絲情緒、煩惱或回憶，即使煩惱的理由或回憶的對象是不可能捉住的。在此，小說式的想像拉近了我們的距離，賦予我們詮釋他人的樂趣，無論面前是一張婦人的臉，她正對著某個內心的談話對象浮現淺淺的微笑，或是一個躁鬱症患者（地鐵上很常見）令人不安的景象，他的喃喃自語、唉聲嘆氣、沒有對象的竊笑和憤怒，足以證明他無法組織、控制他的行為。對這名躁鬱症患者而言，孤獨真正成為單一的封閉迴圈：他越是想要旁人為他的不幸做見證，旁人就越是躲避他的目光，一邊彼此交換尷尬的眼神，一邊成為彼此的共犯。

這樣說來，民族誌可否一方面幫助我們理解過於熟悉的事物，一方面克服我們對外界的陌生感？民族誌是否釐清了我們憑直覺模糊感受到的弔詭？也就是說：再沒有任何東西，比個人的地鐵路線更加的主觀（雖然我們會在某條地鐵線上，從一個外表無害、相貌平庸的年輕人身上，辨識出某些音樂、髮型、時尚、顏色的癖好和品味），但同時，也沒有任何東西比地鐵線更具有社會性，不只因為地鐵線是在一個過度符號化的時空裡展開，更是因為在地鐵裡展現的主體，在不同情況下給予地鐵定義的主體（每個人都有自己的起點、轉程點和終點），讓主體就像整體社會事實一樣，將自身發展得更為完整。

我認為，民族誌可以達成上述的任務，只要民族誌不片面地突顯切身的差異性，並持續保有對於整體社會事實的反思，因為這種反思主要關懷的是社會學和心理學之間的關係。這裡，我建議各位讀者跟我一起繞個路：先簡短地繞去讀幾頁《禮物》（*Essai sur le don*），然後從牟斯的路線離開，轉往李維-史陀的方向（兩條路線有不少交會點），最後再跟我一起回到日常生活中的地鐵觀察，回到大家各自的地鐵站。

牟斯是在討論諸如誇富宴或部落之間的拜訪等，這些牽連社會整體及其機構的現象時，談到了整體社會事實（比起普遍社會事實〔faits sociaux généraux〕，他偏愛這個說法）。他信手拈來幾個太平洋群島或美洲的例子，說明這些事實如何同時涉及宗教、經濟、美學和形態學。這裡所說的形態學（morphologie）嚴格依照的是涂爾幹的定義，既參考了這個術語較為常見的正式意涵，也就是令這些事實得以成立的地理條件或海域，以及保障社會成員安全無虞的結盟體制。然而，整體性的觀念比我們所以為的更複雜；它是整個二十世紀法國社會學一再受到肯定的台柱：越普遍的東西，就越具體。比方說，社會運作普遍而言被認為是具體的，這是因為一間機構只有當它發揮功能的時候，也就是當它不再被孤立觀察的時候，才能被具體地觀察——因為它需要由人來運作，更因為它的運作預設並帶動了其他的機構。據此，牟斯對於某些看來弔詭的東西抱持肯定，他認為具體就是完整（他說，社會學家和歷史學家相反，總是在進行分解和抽象化；現在應該做的是重新縫合、「重組整體」的工作），而這種重組的工程讓我們可以比較、或者說澄清普遍價值：「（……）這些社會運作的事實，比起那些多少帶有地方色彩的、不同屬性的機構，來得更有普遍價值。[19]」誠如他所說，普遍的優先性和現實的優先性互相充實。

的確很弔詭，因為這裡面最關鍵的兩個術語（普遍〔généralité〕和現實〔réalité〕）只有在顯示兩者差別的情況下才能並存。例如，我們會認為「一般」（moyenne）這個觀念的作用是普遍化，但我們也可以質疑，這個概念表達的其實是具體現實。牟斯寫道：「我們一定得跟

19 M. Mauss, « Essai sur le don, in *Sociologie et Anthropologie*, 1950, Paris, P.U.F., p. 276.

他們（歷史學家）一樣：只觀察已成事實的東西。所謂的事實指的是羅馬、雅典、法國的一般人、太平洋某個小島上的人，而非祈神或權力這樣的概念。[20]」該死的傢伙！我們有個清楚的預感，前方浮現了雙重的困難：這些經過重組的歷史社會整體，是否真能如此輕易地跨越文化的藩籬？另一方面，假設這些歷史或文化實體真的帶有某種具體的東西好了（行政法令所訴諸的「一般」地鐵乘客，不就是抽象的乘客嗎？），這某種東西是否一定會染上某個地方和時代的色彩？我是否可以聲稱，是地鐵乘客如我者這樣的老巴黎，賦予了地鐵的一般性格？

還是讓我們先暫別地鐵，看看李維-史陀如何評斷牟斯這段乍看之下精明的分析。如果大家容許我這麼說，李維-史陀在〈馬歇·牟

20 *Ibid.*

斯著作導論〉(Introduction à l'œuvre de Marcel Mauss)[21] 顯得有些莽撞，而我們也能猜想，即使這寥寥數頁不代表李維-史陀的全部思想，卻足以讓此書編輯古爾維奇(Gurvitch)神經緊張地在這篇導論前面放上一則啟事(不如說是聲明……)。為了好玩，我在這裡引用這則啟事的最後一段話，因為字裡行間展現了一種我童年時人們說的、有點情緒化的說理方式(「你舅舅有點情緒化」，這種說法把一個人某一時刻的心理反應，延伸為他深層的本性)，來面對李維-史陀這位評論者故作天真的褻瀆行為：「讀者將在李維-史陀的導論裡，找到牟斯這位博學之士的思想遺產，他取之不盡的財富和令人緬懷的形象，以及李維-史陀對牟斯的作品非常

21 C. Lévi-Strauss, Introduction à l'œuvre de Marcel Mauss, in *Sociologie et Anthropologie*, *op. cit.*, p. IX.

個人的詮釋。」[22]一九五〇年代的人實在很善於花式的唇槍舌劍。

那麼，在李維-史陀的評斷裡，真的有什麼褻瀆的東西嗎？放心，除了對牟斯的敬意之外，什麼也沒有。唯一稱得上糟糕的評論（意思是令人覺得不對勁），是望文生義的部分。牟斯提出具體＝完整（concret = complet）這條等式；如同涂爾幹，他在考察過人類展現的集體情感之後，毫不猶豫地堅持這種完整-具體的一體性。他說：「（……）當社會、群眾從感受上意識到自身，意識到自己之於他者的處境，就在這個稍縱即逝的片刻，我們瞥見了本質、整體的運動、活生生的樣貌……。」[23]這個美麗的說法（對於某一刻「群眾從感受上意識到自身」這樣的說法，誰能無動於衷？儘管我們也說不清楚他說中了什麼東西）掩蓋了那條等式武

---

22 Gurvitch, Avertissement à *Sociologie et Anthropologie*, *op. cit.*, p. VIII.

23 M. Mauss, Essai sur le don, *op. cit.*, p. 275.

斷、未經檢證的一面，我們可以勉強概括如下：如果社會可以被當成物品一般具體，那麼社會也等於是一群人的總和。牟斯同時導致了社會或群體的物化和主體化，也就是說，人們只有意識到自己是一個群體（所以這種意識也是集體意識），才能與他者、其他社會或群體產生區隔。不過，讓我們再次細讀牟斯的這段話（「社會、群眾從感受上意識到自身，意識到自己之於他者的處境……」），假設把「他者」的意思解讀成我們身邊的其他人，也就是在一群具有集體意識的人群裡的、內部的他者，雖然這麼做有損語句邏輯的嚴謹，卻讓牟斯的話更為有趣。只要在「具有」和「意識」之間，插入「每個人自己的」，便能將一種主體的、個體的面向注入他的分析裡，將他的意思改換成，人們只有在意識到自己之於其他人們的處境時，才真正意識到自己（產生他們作為個體的個體意識），並且意識到自身的社會處境。簡而言之，人們只有意識到其他人們才能意識到自己，自我意識就是社會意識，反之亦然，因為一個沒有個體化的社會意識，只能是一種抽象的迷思。

牟斯雖然沒有真的這麼說過，但是重讀牟斯，我們有種感覺，這些話就在他的嘴邊，儘管在他的文章裡，「群體」、「社會」、「社群」這些字眼，總是連結到「觀念」、「感受」、「意志」這樣的範疇。藉由他者，人們才能在組織裡的不同階層找到自己的定位，因此他者是一個相對的概念：在一個由他者組成的社群裡，他者就不再是他者了，如果這是一個經過規劃的社群的話。換句話說，即使就他異性(altérité)最客觀、最正規的定義而言，同一個體可以時而被視為他者，時而則否；相同之中存在著相異，而他者之中的相同處是定義社會自我——這唯一能夠被理解和思考的自我——的必要條件。

當牟斯寫下「人們」(les hommes)，彷彿普遍性的東西加上複數，就能模糊掉這個字的具體意涵，李維-史陀卻認為，牟斯要寫的其實是「個體」（l'individu），李維-史陀告訴我們，因為只有在個體身上，才能連繫整體社會事實的三個面向：與共時性有關的社會學面向，歷史或歷時性的面向，以及生理-心理學的面向。李維-史陀想到的，不只是某些事件對親身經歷者的心理或精神所產生的影響。令他掛心的主旨有點像小說家的煩惱，他嘗試把社會科學的特殊性，解釋為社會科學具有一種義務，將它的研究對象同時界定為客體和主體，用涂爾幹和牟斯的說法，就是「物體」（chose）和「再現」（représentation）。換句話說，人類學家所觀察的客體包含了主體性在內，關於這點沒有人比李維-史陀表達得更好了，我引用如下：「為了充分理解一個社會事實，得從整體去掌握才行，也就是說，必須從外部把它當成一個物體，但是物體裡包含了完整的（有意識的和潛意識的）主觀感知。對此，我們應能心領神會，因為生而為人，我們在經歷事實的當下，更接近土著，而非旁觀的人類學家。」[24]我們看到，較之牟斯，李維-史陀已有所轉變：每個社會成員，或者更廣義的說，每個被牽連的人，他們所給出的個人詮釋，都是整體社會事實的一部分；而因此產生的問題，同時涉及定義和方法。方法問題和李維-史陀稱之為主體客觀化的無限過程有關；我們可以這樣解釋，人類學家注定要從外部徹底理解一件事實，或從內部重新感受在地的經驗，因此，他必須想辦法把一部分的自我客觀化，而這項任務十分適合人類學家，因為對他來說，他的對象（社會或人類群體）總是既親切又疏遠。有成千上萬的人類社會存在或存在過，「就這方面，我們全都主觀地參與其中」。但是另一方面，所

---

24 C. Lévi-Strauss, Introduction à l'œuvre de Marcel Mauss, in *Sociologie et Anthropologie, op. cit.*, p. VIII.

有社會經驗對於我們都是客體：「所有不同於我們的社會都是客體，即使在我們自己的社會裡，我們生長的群體之外的所有群體，也是客體，甚至所有不為我們所接受的、屬於這個群體的習性，也都是客體。[25]」李維-史陀接著說，認同、去除主體投射、與主體再次整合，這一連串交叉或同時進行的嘗試，總是冒著導致誤解的風險（人類學家的主觀認知與當地人的主觀認知毫無交集），尤其是某種潛意識的生存法則，讓我們無法輕易克服自我和他者的對立。潛意識「這個詞指的是自我和他者之間的媒介（……），使得我們和其他人的活動形態可以同時並存[26]」。

我們很清楚，李維-史陀是在哪裡找到潛意識的痕跡：在某些系

25 *Ibid.*, p. XXIX.

26 *Ibid.*, p. XXXI.

統或結構裡，例如社會結構或語言結構。隨之而來的問題是，當他找到了潛意識，他是否也遺失了個體，我的意思是百分之百的個體，那種生活在整體社會事實當中、因此對於整體社會事實的定義不可或缺的個體——以至於我們敢肯定，我們正在逐漸逼近這個定義，社會的每個成員既不是現成的物體，他們的感知也不是主觀到無從分析的地步。這裡，我認為李維-史陀似乎是為了把他對牟斯的批判限定在一個範圍之內，或是為了消除主體客觀化的無限過程所引起的理論暈眩，才在一九五〇年的這篇很有建設性的抨擊文章裡，外加了文化的限制。於是他寫道，整體事實能夠吻合現實的唯一保證，就是該事實在具體的經驗中必須有跡可循，而要了解所謂具體經驗裡的整體事實，我們可以借用牟斯的例子；具體經驗「首先是座落在特定時空裡的、某個社會的經驗，如『羅馬和雅典』；但也是某個社會裡、某個個體的經驗，如『太平洋某個小島上的某個人』[27]」。麻煩的是，太平洋某個小島上的人民從來不需要去定義「某個個體」、某個個體性，他們只有文化上約定俗成的個體性；李維-史陀應該這樣寫才對，「太平洋某個小島上的某個島民」。然而，牟斯本人也沒這樣寫（我在上面已完整引用了他的句子）；他在談的是太平洋小島上的一般人，和一般的法國人屬於同一類，是文化上的、而不是作為個體的一般人，使得李維-史陀必須插手（竄改）牟斯的思想。不過，李維-史陀畢竟還是手下留情，也許是由於他的疑慮，使他發現他的詮釋無法在牟斯的文章裡找到立足點（「太平洋小島上的一般人」不是「太平洋小島上的某個人」），也許是因為，他對於個體和社會、自我和他者之間的關係所衍生的問題比較

27 *Ibid.*, p. XXVI.

不感興趣，遠不如語言學的模式以體制、話語、法規或神話的方式處理這層關係，來得令他著迷。

那麼，某個地鐵站裡的巴黎人，如何定義，如何尋覓？如何肯定這樣的巴黎人是具體而完整的關鍵？每個夜晚，我在塞夫爾-巴比倫站看著這些人，在車廂裡擠成一堆，或是在車站的走道裡成群奔跑——男人和女人、年輕人和老人、學生、秘書、老師、上班族、流浪漢、歐洲人、非洲人、吉普賽人、伊朗人、亞洲人、美國人——這些地下世界的旅人彼此是如此不同，他們的運動方式卻是如此的規律——如同大西洋起起落落的海浪，漲潮或退潮的時分——暗示著同一股引力將他們推進又擊退，聚集又打散。難道說，那被日夜操煩鎖住的臉孔、躁動的輪廓、無預警的疲憊、無所謂的消沉，這種種我們難以想像的、無限多樣的、幸和不幸的混雜，只不過是我們根據當時的心情一趟又一趟感受到的情緒(地鐵的世界因此完全可以被我們當作內在世界的隱喻),有時結成巨大的冷漠,有時化為祕密的同情?難道說,這諸多孤獨的人們,只不過是時刻表重疊才擦肩而過,他們之間沒有更多的共通性?

我們倒是可以這樣思考地鐵的社會現象,正因為它抗拒任何封閉的定義,它牽連無限大和無限小的本質,它才能夠克服牟斯分析上的侷限(這些限制帶來不少矛盾和混淆),成為整體社會事實的一個值得注意的案例。我們前面提到的「破碎的神聖性」(sacralité éclatée),就很具代表性的說明了,任何社會現象都不可能歸咎於某種典型的、一般人的行為底下。不過,整體社會事實這個觀念,並不如李維-史陀有欠嚴謹的推斷所說的,可以化約成一種文化上的傾向,倒是他以「主體客觀化的無限過程」這個方法所揭露的、「無底洞」一般的視野——是否忠實於牟斯是另一回事——提供了一個支點，當然不太容易，但是對於社會學的分析來說，卻是獨一無二，至關重要。

牟斯自己曾表示，一件整體社會事實關係到的比較是眾多的社會機制，而非全部的社會機制，比較是眾多的個體，而非集體：「（整體社會事實）在某些情況下會發動全體社會及其機制（誇富宴、族群衝突、部落互訪等等），但在另一些情況下，只會發動眾多的社會機制，尤其是在訂定交易、和僅涉及某些個體的契約之時。[28]」總而言之，按照牟斯的說法，整體社會事實至少有兩個特質。整體社會事實的第一個特質是，它同時涉及經濟、法律等諸多層面，換句話說，它無法被單一機制的語言所概括。它的第二個特質觸及到社會契約和約定俗成

28 M. Mauss, Essai sur le don, *op. cit.*, p. 274.

的性格，預設了一種有憑有據的模式，以及一種不可能是無意識的、頂多是不明說的、對他者的關係意識。

回頭看看地下鐵的旅行，如果說，地鐵普遍被定義為是個人的旅行，這種旅行方式卻同時具有鮮明的契約性質。地鐵票有多少種，契約的性質就有多少種，從限制相對較嚴的形式，例如周票的使用者只能在某個路線範圍內活動，到更有彈性、自由得多的形式，例如月票或年票讓持有者擁有在第一班和最後一班地鐵之間、愛去哪裡就去哪裡的特權。據我所知，這是專屬於巴黎人的特權，而這種特權恰似我們前面碰過的一種弔詭的說法：這是一種個人的自由（儘管受到許多條件的限制），但是這種自由只要付出地鐵票的價格就可以購買，票價當然是以營利為首要考量而決定的，雖然營利的考量是否可以高於公共利益的考量，是有疑問的。問就問吧：這場辯論，是從政治經濟的角度，把地鐵當作一種社會機制加以定義，具體地說，就是探討個人自由移動的最大可能性。月票一舉解決了旅客唯一的（但也是巨大的）煩惱：他被迫不能中斷他的旅程（他大可以在羅浮宮站的櫥窗和蒙帕納斯—班維呂的電動步道上慢慢晃，但他不能出站），至少不能離開他被允許自由移動的範圍。在月票還不存在的年代，告示牌上寫著：「超出此範圍，您的車票不再有效」，今天取而代之的是簡短得多的指示（「車票有效範圍」），給予月票的使用者一種被合法冒犯的感覺。

顯然，大眾運輸的空間，如其名稱所示，是一種契約的空間。在這個空間裡，不同意見的共存是日常生活的實踐，這些意見或許沒有被公開表達，卻也沒有被刻意隱藏，例如某些人讀的報紙就反映了他們的意見，至於對讀報不感興趣的那些人，他們在眾人眼前展示的髮型、他們別在身上的徽章、他們的配件、他們的制服或外袍，無一不是日常生活中引發爭端的來源。地鐵的安全問題之所以被廣為討論，挑釁和攻擊行為之所以被大為撻伐，因為約定俗成的契約觀念，早已深植在地鐵作為社會機制的定義裡。

地下鐵能構成經濟空間（這也是地鐵使用者最直接的認知），在於這個地方時常引發某些偏差的、混雜的或是異常的行為，而人們習慣以經濟的語彙解讀和訴說這些行為，雖然其中也有法律、美學和社會等等的面向。這種行為的兩個極端，是偷竊和逃票。關於偷竊，大家早就見怪不怪了：有各種年輕的小偷存在，甚至已經變成地鐵場所的一種傳統，沒什麼好大驚小怪的。並不是因為一九六八年的時候，那些城市新貴的小孩也曾在「單一價」（Prisunic）這類百貨商場裡[29]，手腳不乾

29 譯註：單一價（Prisunic）是一九三一年由春天百貨（Magasins du Printemps）成立的連鎖商店，於一九九七年被不二價（Monoprix）連鎖超商收購。

淨又裝得一臉無辜樣。而是因為地下鐵一直是一個傳統的場所；現代小偷，無論他看起來多麼不像小偷，都是昨日扒手的遺族；小偷看起來年紀再小，都不會是業餘人士。偷竊總是在體制的邊緣默默從事，就是這一點和逃票不同。用中性的語彙說，在現有的驗票機制下，逃票必須以年輕為前提（很難想像一位老先生或老太太要如何輕巧地躍過入口的旋轉門），並且對於地鐵的契約性格，表現出不在乎的態度。基於財政或諸如此類的理由所做的抽象數據，常被拿來解釋各別的逃票行為，這種解釋常把逃票歸咎於缺乏公民素養，理由則是眾說紛紜（然而公民素養的缺乏比較是徵兆，而非原因），要不然——這種解釋比較令人焦慮——就是歸咎於某種身體的不馴，把躍過旋轉門當成正當的樂趣，彷彿他們有權力蔑視社會契約：我們別忘了，透過跳旋轉門這場小小的表演，弱勢族群可以建立一種不在乎任何人的假象，正因為他們的生活完全依賴他人。再一次，地鐵裡的行為模式，以社會情境的獨特面貌展現了出來。

逃票看似終止、拒絕了契約，表現出對契約的藐視、挑戰或失望，然而，逃票的意義只有在契約關係裡才能被理解。在地鐵這個對經濟高度敏感的場所裡，我們至少還可以觀察到其他三種有別於偷竊和逃票的行為。如果偷竊和逃票是忽視、違抗契約，卻又依附在契約底下，我敢說，另外三種行為有過之而無不及，甚至試圖凌駕契約，迫使旅客或行人陷入一種緊張關係，付出額外的報償。首先是車廂裡的表演，每一場都如同強迫中獎的禮物：歌手或音樂家利用車廂的封閉空間，用大約三分鐘的時間表現他的實力或魅力。培瑞克早就注意到，兩站之間的平均車程為一分半鐘，地鐵上的閱讀搭配的就是這樣的節奏感。對於拿把吉他自彈自唱的人來說更是如此，三站的間距最適合做一場完整的表演，如果他們還想擄獲其他聽眾的話；所以，他們有平均三分鐘的時間，即使他們是以二人組的方式工作，第一個還沒唱完，表演還沒結束，第二個已經在討賞了，用他們的才藝迫使乘客承受一種必須回禮的義務；當然，才藝各有高低，可是當乘客被某個美好的歌聲、某個演奏者熟練的技巧打動，便很難擺脫必須有所回饋的感覺。告示牌上嚴正寫著，請大家不要助長此類演出，其實大可不必：今天，即使車廂突然闖入兩個揹著吉他的年輕人，也沒有人會大驚小怪，每個人都沉浸在自己的昨日或明天，把自己關閉在孤獨裡，彷彿他們不在這個移動的世界裡，也許他們不喜歡音樂，也許他們沒銅板，也許他們只是享受在地鐵上獨處片刻、那種令人肌肉放鬆的私密感，使得他們沒心情理會其他，避免和外界的接觸，不想被打斷。

在地鐵站賣藝，和在車廂裡表演就不同了：賣藝是在某個定點向路人討賞，而不是以乘客為對象，因此也就不會造成任何緊張關係，也不涉及送禮和回禮的必然連繫。以地鐵站走道邊的那些樂手為例，從他們的素質、以及他們經常演奏的是古典曲目來判斷，我們會發現，這群受過專業訓練的年輕人是來這裡練習的——要他們在家裡練習可能更困難，更何況在家練習也賺不到錢。而他們在地鐵站真的賺了不少。事實證明，越是一副無所求的樣子，得到的越多，行人可以給予那普遍受到肯定的才華獎賞，也可以免費接受這份禮物帶來的片刻幸福（蒙帕納斯站的非洲鼓，奧德翁站的爵士樂，塞夫爾站的安地斯排笛和巴哈，這些音樂是我們每天的序曲或插曲），如同牟斯的分析，那是近乎恩賜一般的禮物——有何不可？也許這些音樂不是用來交流人類的情感，而是奉獻給神的禮物。

再來是乞丐（如今沒人這樣說了），某些行乞的人似乎越來越了解該怎麼做，他們不再開口乞討，不再用機械式的聲調要求什麼，而用一塊厚紙片或是小黑板取而代之，上面寫的是有關他們的背景和處境的若干資訊，就地發明一種無聲的乞討，就像所謂的原始人不是透過交談的方式進行交易，行乞者從書寫找到替代方案。「我坐過牢，我找不到工作。」無論這些訊息是真是假，通常都會吸引《解放報》讀者群的目光：這些新乞丐（如同我們今天說的新貧階級）在拉丁區（奧德翁站、塞夫爾站）比在十六區或其他平民區更常見，他們通常把頭埋在抱胸的雙臂裡，彎曲的程度彷彿在做瑜珈；他們給人看，可是我們除了一具寒酸的空殼，一無所見；他們給人看，但是他們誰也不看，不像巴黎北邊的乞丐還要配戴墨鏡和白色導盲杖，他們眼睛沒瞎，沒話可說，沒事可做，純然被動的等待願者上鉤。如果這名願者說，他上鉤是因為感受到某種召喚，一定會被知識階層斥為荒唐，但是當他基於神祕的理由做出施捨，他已然不知不覺將乞丐當成牟斯所說的那種「神明和死亡的代言人」[30]。他寫道：「一方面，施捨源自禮物和財富的道德觀念，另一方面則是來自犧牲的觀念。慷慨是一種義務，因為復仇女神涅墨西斯（Némésis）會為了窮人和神明，向過度享受幸福和富裕、卻從來不肯奉獻的人報仇……[31]」。上帝的領地就是窮人的領地。近年來，有一些年輕人把行乞當成一種游擊戰，他們將路人全部視為幸福和富裕的象徵，上前就問：「你身上有一百法郎嗎？」他們像蒙面俠一樣，戴著頭套做出這種挑釁的行為，如同一場混雜著天真和世故的表演（一樣需要才華），而且效果還不錯。

30 *Ibid.*, p. 169.

31 *Ibid.*.

當沒有聲音、沒有視線的乞丐出現，回饋的義務變成了純粹給予的義務，這時的重點不在於實際上有多少人給錢，而是在於所有人、或者許多人，當他們決定不給錢的時候，至少會有一剎那感覺需要為自己的堅持辯解。我們從這些無名的輪廓、這些對法國社會適應不良的野花（和法式庭園的道理一樣）看到的是，我們的集體認同有其極限和範圍：這些乞丐是我們不是的那種人，我們和其他人抱持著同樣的否定態度就是證明。這些乞丐玩不起我們的遊戲，也無法符合我們接受的那些（法律、藝術、道德、經濟等等的）規則。所有的纜繩都被切斷，唯一和世界的連結，就是那幾行靠在他們腳邊、令人起疑的文字（有時候甚至寫在地板上）。他們從令人暈眩的反面，象徵了社會整體是多麼可怕的具體，可怕的完整——在我們日常生活的星河裡，他們是黑洞。

毫無疑問，這也是為什麼乞丐會令人對神聖性感到焦慮的原因之一。他們是無法穿越、無法跨過的邊界，有點像死者。這裡，必須向死者獻祭貢品的概念，清楚直接地表達了我們想要留在邊界以內的意願，我們既不像乞丐一樣在走道邊東倒西歪，也不像身邊任何影子一般的人物：不像瘦巴巴的藝術家，我們總覺得他們應該留在上個世紀的民宅屋頂上高歌，而不應該在迷宮一般的交匯站的通道裡，讓他們的回音聽起來令人內疚；不像醉醺醺、昏沉沉的流浪漢，也不像任何在車廂和走道與我們擦肩而過的人物，不管是年齡、性別、服裝、閱讀品味，或其他任何細節，反正一定有一樣讓他們有別於我們。

面對這些變動，地下鐵的人類學家（也就是以自己的社會為對象的人類學家，即便那只是一種臨時的、隨機的民族誌，用來在兩站之間殺時間）必須把每個個體視為社會整體的縮影（因為某些外在符號只有放在具體的歷史和文化脈絡裡才有意義，而這些符號至少可供我們想像某個人的境況、品味和出身），並且針對每個個體展開李維-史陀所構想的「主體客觀化的無限過程」；人類學家的目光游移，從走道邊如石塊一般黯淡的乞丐，流轉到月台邊某個同事熟悉的輪廓，加上一些想像和推理，他便能大致掌握每個人背後的客觀條件。

當然，即使片刻不離平常搭車的地鐵月台，他也很難像打造某個物品一樣，在列車進站時，把所有旅客的情感、思緒、興趣完整的再現出來，可是這些主客觀因素本來就不是能被完整再現的；按照李維-史陀的理解，根本沒有任何社會事實能被完整地感知。另外，地鐵的景觀比起其他景觀，更能提供我們機會和方法，不是去觀察地鐵乘客的一般人格是什麼模樣，而是去體會這些人在面對各式各樣的影像、指令、暗示的時候，他們的反應、拒絕或佯裝無知。因為，無論他們反應的原因為何，我們總是習慣以一種刻板印象去套用整體，把他們均值成平庸的種類，然後依照標準的圖示說，他是消費者，她是誘人的女郎，他們是和善的年輕夫婦，他是邪惡的男人，卻完全說不清楚，究竟刻板印象是反映了現實，還是改造了現實？

這些城市的景觀，不只在地鐵站月台和通道才看得到；街頭也是它的舞台，晚上的電視節目更是如此。可是在地鐵，無論眼前是真是假，我都可以就近看個仔細，可以混入每天陪伴我的人群，光用看的就能想像他們的房子、車子、休閒活動、甚至下次選舉投給誰，至少猜得到他們的行為模式。附帶說明，除去犯錯的危險，我的想像練習不帶任何歧視，因為，如果我跟他們沒有靠近到足以進入他們的思維，潛入他們的性情，我對他們根本無從想像起，關於他們主體的問題也無從問起，我當然更不會去懷疑，究竟是什麼把我們分離。

C o r r e s p o n d a n c e s

交 匯 站

一個和本世紀如此相稱的瘸腿惡魔，它將巴黎周圍的聚落從地表上突然摘除，好探索地底下奇異非常的佈局，那是一場社會的巨型表演、有無數出口的迷宮，或者，更恰當地說，是一臺減速過的舞台裝置：數十個舞台，不只延展至整個城市與城市周遭的區帶上形成網絡，還自行疊起數層，每隔一段規律的時間，便有各階層所組成的密集人群湧入，順從於某個神祕的導演、這個地下世界的造物主。

他的目光，一如我們的，首先專注於錯綜複雜又精巧的路線圖上。或許接著，如一個無所事事的犬儒主義者，一邊設想著人的孤寂多半一致，一邊帶著荷馬筆下某個神祇才願釋出的寬大——我們都曾想這麼做——花個片刻，注視這個或那個囚困於車廂裡的乘客的模糊面容。不過，他大概很快便會被雜沓交匯的景象給吸引回來，各條地鐵線彼此聯結成複雜的樞紐，通往各方向的走道和階梯相互交叉，行走其中的人們看來似乎很確知自己要去向何方。「這條轉接路線通往哪？」他自問並玩味「轉運」這個字，堅持在此字上大作文章，也許他會進一步補充問道：「每天轉站換線意味著什麼？日復一日，以轉車重啟一天，都為了通往同一個方向，這對應了什麼？」

然而人類學家，他從天狼星的觀點視之、懷疑；他知道距離過遠，所有的事物都會失去方位，而一個恆久被送入宇宙軌道的太空人，沒有返回地球的希望，那麼他對地球和月球的觀測同樣興趣缺缺。即便他並非冷漠之人，然他渴望私密、嚮往鑽入地下，儘管有時，特別是當天氣很好的時候，他會異想天開，認為地鐵衝出地表會行駛空中，越過塞納河、奔向星形站。

附帶一提，這些起飛不只是就單一方面令人感到騷亂。首先，它們中斷了在地下奔馳的私密感；地鐵經過塞夫爾-勒庫柏站後，所有人都抬起頭來、擺好姿勢：鄰座的乘客成了見證者——看來正是光線的問題。當路程稍加延續時，乘客的地位隱約改變：他所承受的他人目光變得較少，他也比較不敢去看其他人；偷窺癖亦謹守分寸：平行於地鐵軌道的建築，其第三和第四層的窗戶往往緊閉、拉起簾幕，就好像這些地方的幸福居民有義務為地鐵上演居家生活，並一整天在點著燈、鋪滿軟墊的起居室內享受寧靜。某些人，更為外顯、愛捉弄人，或者純粹只是地位較高，他們喜歡雙肘倚靠自家窗台，看著地鐵經過，就像那些喜歡在公路天橋上看火車或汽車經過的人。他們反轉視野，如同我想像中的惡魔，善用自己所處的位置多加觀察，這一幅雖然瞬間短暫但卻循環復返的景象，地鐵與狂熱人間的劇場。的確，在地鐵列車裡，那些既沒有埋頭閱讀、也沒有陷入沉思的人，從車廂裡好奇地四處張望，這讓他們感覺良好，看著巴黎人的私生活片斷在他們眼前魚貫而過，看著第十五區的交通要道大打結，看著跑向下一站好追上地鐵的人，感到一切快速卻不匆忙，因為各種不同速度加乘的結果創造出一種等同於慢速的效果。

他們不真能如此，但是：在自由的氣息下，地鐵就是場景，而閒晃者他並不想在那裡觀看屬於夜間的稀奇古怪，那種高達（Godard）最懂得捕捉的畫面，閒晃者的目光帶著愜意的漫不經心只停留在地鐵裡，好讓他看的不是人群、喧囂、擁塞的道路，他們看著列車經過、高舉手臂揮舞招呼，就像孩子們還會這麼做，一有火車或汽車經過，便向那些從未見過也再少有機會重逢的乘客，同時道日安和再見——驚人卻自然的手勢，因為自然而令人驚訝，一個連自我介紹的時間都沒有的殷勤手勢，純粹的社交性。

同樣地，必須透過足夠多的文化，才得以創造出某種如同天性的第二狀態，好讓人文工業的產物能夠作為人類學幾個大主題的象徵：身分、關係、命運。這讓人聯想到亞芒・卡馬各（Armand Camargue）在他的《巴黎速寫》（*Croquis parisiens*）裡的四行詩：

他在格納爾巨砲咖啡館[32]喝上一杯白酒
看著班班地鐵經過半空。
剎那的陽光灼刺他的瞳孔
他想到愛情、死亡、虛空。

32 譯註：Canon de Grenelle咖啡館，位於第十五區拉莫特-皮凱地鐵站附近的十字路口，正可觀看凌駕於路口半空的地鐵經過。

也想到夏赫樂特涅（Charles Trenet）唱的這首歌〈就是喜悅〉（Y a de la joie）：

真是奇蹟：在嘉維爾站
我們看到地鐵從它漆黑的地道鑽出

——即便是最後指出的這個畫面，都突顯出它近似於詩的意涵。跟著我們地底下的人類學家，我們現在應該要從地鐵的象徵過渡到象徵的地鐵，也就是說，過渡到地鐵的社會實踐，因為這牽涉到我們已在前面談及、李維-史陀所稱之為「象徵體系」的概念。

這回，請諒解我採用較學術的語調。從一個活動過渡至另一個，須要時間和空間；大城市的各種路線正好表述這一點，它的密集度是隨執行活動者的時間控管而變化，因為，他們若在某些時刻更換要執行的活動，也就會跟著變換地方。然而，這些活動的變動不是單純的技術上的改變；它們可以帶動角色上的實質改變，比如說，當這些變換和生活的轉換有關時，如我們說的，從工作領域過渡到私人領域。私人生活與職業生活的對立並不足以理解所有活動的轉換：有些非職業生活的型態多少具有公開性（總是有些時候，我們會獨自或和朋友一道去公開場合消遣一番，我們會去體育場、參加遊行、看煙火、上電影院或劇場），而私生活本身也有各式各樣的型態，正式的或隱密的、家庭的或獨身的、合法的、宗教性質的……。一種浪漫的性質同地鐵劇場隨之而生，特別是在交匯站的通道裡，打此經過的旅客轉換地鐵線，就好比在固定的時間轉換生活型態，也轉換象徵的系統和實踐，只是沒有像我們在六八時說的改變人生，除非發生例外，某個意外的「奇遇」或特殊事件直截了當將他們從循規蹈矩的老路拉出來，拉離他們習慣的路線。

某些時候的地鐵，一定比其他時間來得更浪漫：午後將近三、四點時，當眾多平凡的血肉之軀仍在辦公室、工作室、工廠或學校裡，地鐵內卻未因此而空蕩；相較於尖峰時段，相遇變得更為可能、匿名色彩也較少；而我們總是能趁此機會自問，那些引起我們片刻注意的陌生男女是誰、將要去哪裡。有時在《解放報》裡，甚至可以讀到來自年輕人有點傻氣但很感人的尋人啟事，那些讓他們事後方才嚐到殘酷幸福的巧遇：「您有著一頭棕髮，很美、很溫柔；我年紀輕，害羞又愚蠢；您穿著一件紅色長袖襯衫；我就坐在您身旁；您在協和廣場站下車，下車前跟我說了聲借過。您還記得嗎？」再一次，培瑞克的細項分析法[33]顯得頗為有用：換一個生活需要多少分鐘？不過，可以非常肯定的是，《解放報》的讀者為此感動，特別心繫於那個他想再見一面的女子的消失；年輕人對自己說道，他也許不會永存這份記憶，但這記憶卻如此縈繞心頭；他愛、他恨轉乘地鐵線的移動，這是他重返自由的一刻，然而就在那瞬間，一個優雅的身影顯現了她存在的事實，卻也同時消失了——他人、生活、自身，這些突然就成為他們經過路徑的必要原因。

33 譯註：喬治・培瑞克喜以分類方式細膩描繪各項事物，對巴黎城市空間進行探索，進而延伸出多種寫作實驗：條例式的紀錄、漏字遊戲等，創造風格前衛獨特的作品。其著作《物》，是著名的社會學小說，探討六〇年代的消費社會幻象。

仍是卡馬各：
她總是在塞夫爾-巴比倫下車
而我仰慕她懶散且不忠的優美恩澤
在她凝思片刻而佇足未前之時
立於交匯站通道上的一角
在她還未邁開她如舞的步伐
奔向我所不識的邪惡的歡愉之前。

請原諒我又一次的離題，並允許我回到象徵體系。我們知道，對李維-史陀而言，任一文明都「可以被視為各個象徵系統的總體」[34]。

34 C. Lévi-Strauss, Introduction à l'œuvre de Marcel Mauss, *op. cit.*, p. XIX.

這些顯示現實中某些面向的系統，互相維繫彼此間的關聯，其中涉及了語言本身、婚姻規範、經濟關係、以及各種和藝術、科學或宗教相依存的關係。但它們仍然是無法類比的，一方面因為，每一系統都有它專屬的演變節奏，以及接觸其他文化時所引發的特定的脆弱性，也因為，無論以何種方式，每一系統的各別象徵符號對彼此來說都是不可完整互譯的。因此一個社會之所以可以和另一世界相比擬，只有當「一個世界的平凡大眾是被高度密集組構而成」[35]。李維-史陀在此導論上最終表明，整體象徵結構的建立「唯有在社會生活方面才能實現」，這幾乎可透過編年式的展現來闡明此概念，另一方面，在每個社會裡，「體現不調和之合體」的任務已指派給體制之外的個體，例

35 *Ibid.*, p. XX.

如薩滿巫師或某些儀式中被附身之人，他們對於維護敏感體制的協調必不可少，若無他們，這種協調「會在當地的體系裡分崩離析」[36]。

　　幫助我們覺察到交匯站通道的，更精確來說，正是平凡的城市人從一個系統轉換到另一系統的時刻，當然這是不可觸知和不明確的，這是在系統之外、路途上的時間，但他們在仍溫熱的記憶與新鮮的期待之間共享這段時光，或許他們正掛心於他們剛離去的或即將要碰到的，在轉換地點的同時也準備改變用語、論調，預備並且有所準備，為正等待著他們的事物準備好（「該準備了！你要遲到了」），有時有點疲倦、神經緊張（「我在過什麼愚蠢生活」），特別是當那些保證能平靜處理家務、個人幸福或安靜工作的嚴密壁壘退讓了，一如在其他情況下，

36 *Ibid.*, p. XXI.

也會有別的壁壘試圖擔保工作的劃分、權力的區隔或社會的和睦。那些無法借助附身舞蹈或薩滿觀象的人，他們清楚感覺到，如果這些壁壘就像它們有時預示的那樣退隱消失，他們會發瘋。那些他們用以組構整日、謹慎而不起眼的生活要素，若是以神祕的方式急速變化，會令他們慌張；他們還比較樂於被這些生活要素驅使著，庸庸碌碌地在整個大都會的網絡裡，匆忙追趕多樣貌的生活——不過說到底這就是他們的生活。

因此，社會整體事實的主題，讓我們對比出另一個不可能的整體性。正如同我們不可能全面地瞭解、想像或形塑出眾多主觀性的總體，而且還要這些主體同時分辨出這個總體並加入它、成為組成它的一份子；想要同時理解組成第一手材料的各個時間與空間的多樣性，是不可能的。這是自明之理，沒有任何一個實踐能在共時性裡被理解。然而地鐵交匯站卻是其中一個特權之地，可在經驗上（並且是局部的）去接近整體事實的概念：一方面因為，跑遍迷宮的人們（特修斯[37]可是很確定自己在做什麼），無論是誰，當他以個人的方式做「調換」這個動詞變位時，都可以被看見，就好比我們可以捕捉到空中飛人在兩個鞦韆之間盪飛的身體改變；另一方面因為，他們之中沒有一個是在相同的狀態裡，儘管整體的移動有其規律性，他們在自己的路徑上仍處於不一樣的情況（有些正在回程，有些正啟程，還有的正要溜去哪兒）；而在他們一日的路徑中、他們漫長的路程中，交匯站裡那些陡峭的樓梯，則冷酷無情地突顯出年齡與身體對每個人的不平等。顯而易見的，每天在地鐵裡，都有不同的個體在那裡完成他們的頭幾趟車程，以及其他人

37 譯註：Thésée，希臘神話中自告奮勇前去殺死迷宮中怪物的英雄，在國王的女兒阿麗阿德涅的線球幫助下，得以逃出代達羅斯所建、難以走出的精密迷宮。

的最後幾段旅程。

當然，我們不會在這裡發現任何調查的策略，即使，我相信，地鐵的通道理應能提供人類學者一個好的見習「田野」，但前提是，要放棄向往來的乘客提問（不過機會來臨時，倒是可以和他們閒聊），更不要試探他們（horresco referens!）[38]，人類學者只需要滿足於觀察他們、傾聽他們，甚至是尾隨他們。毫無疑問，他很有可能只搜集到千篇一律的「clichés」（此字也有陳腔濫調之意，但在此，我純粹從攝影的意涵來使用它），也很有可能因為想要整理這些隨意乍見、不連貫又無條理的景象，而被搞得暈頭轉向，迷失在如萬花筒般的瞬息萬變裡。他仍可以試著依屬性、類型等分類；那麼也許，他的總結將會得出某個形式的開端，又

38 譯註：拉丁文，意思是「我在描述的同時已感到可怕！」

如果這個總結顯現樂觀與想像，這還會是個有可為的好形式：清點上千件的雜聞，就有一百首詩的可能，十部將誕生的小說，而一部小說裡便關聯到至少三種職業。但堅決且執著於從事他的人類學工作，他還是可以嘗試其他種分類方式、別的交叉印證方法，並開始去做，才能真正起頭。

關於一個大站、一個「交匯站」的專題論文，必須透過對地點有方法的描述來展現；專題論文過去一直是極佳的人類學習題，當然也是最難的習題，如果我們注意到專題論文(monographie)的專(monos)同時指涉整體性與單一性：唯一但全部。所以他首先必須要做的便是，畫一幅簡圖以示意每一個月台的樓層和位置，清楚記下雙向或單向通道的彼此聯結，乘客可以如何進入其中一條通道、又能如何從這一條通向另一條，精確定位並標記出主要入口與其他大小出入口、交辦車票與月票卡的售票口，評估要進入每一登車處的困難，通道與階梯的長度，或許還包括手扶梯的舒適度。請容我大膽地說，這個關於正常環境，或是物理形態學的考察，對於接下來想要更敏銳細緻地研究的人來說，是一個責無旁貸的事前功課，也許是關於這一站的旅客通常是什麼層級，或者說是哪些職業，也可能是關於某些旅客——那些臨時起意來搭乘的人、年長的人、外國人——所遇到的種種困難，還有可能是關於，對領取救濟金、正在此賣藝求生的人來說，這個場所和賣藝的定點，有什麼專屬的意義，而除此之外，還有關於不同地鐵線，或者應該說，地鐵線的不同聯結的特定社會學：告訴我你注意到誰，我就能說出你搭的是哪一條地鐵線。

不過，就是在這點上，便已觸及人類學工作中較具質性的面向，前提是，所有有用的細項分析都已事先進行完畢（列車到站的頻率和一日之內不同時刻裡運輸量的估量，並根據一周間的不同日分析；直接從此站上地鐵的乘客平均數量，同樣依據一周間的不同日、一日內的不同時刻分析；或許還注意到在地鐵站周圍的大型百貨商店、企業公司或學校）。至於就本義而言的質性研究工作，可以從兩個方向著手。

就地鐵站本身的內部空間，應該要列表記下所有月台和通道上的廣告，它們用五花八門的方式試圖吸引並抓住過路人的目光——在長時間持續反覆的觀察之後，可以看到這些廣告和各式各樣的人相會，而廣告又有助於去界定它所吸引到的群眾，由此便能做出明確的評估。廣告告示本身，我們知道，順應於一個特有的節奏，而附加的技術考察則能有益於隨之發展的形態學：廣告張貼者全面且乾淨俐落的動作，是首都裡最後幾項可觀察到的傳統動作之一，而我總是自問，他是怎麼辦到不讓自己跟著塗上黏膠的廣告海報一起被黏到牆上的。第一個要進行的是，區分張貼周期不同的廣告，一種是經常性定期更換的廣告，它們專門提供巴黎演出的資訊，特別是劇場的演出節目（這些演出海報至今仍可張貼於莫理斯海報柱[39]上，這個我們試著要在今日重現的海報柱風光），它們介紹的是近期推出的創作，例如一部電影便會借此大肆宣傳，有時張貼的方式與位置還頗為創新（我花了一段時間才瞭解到，或者應該說這才看到，兩張分別展現非常美麗的夜間巴黎、名為「右岸」和「左岸」的海報，其實宣傳的是同一部電影，《右岸，左岸》〔*Rive Droite, Rive Gauche*〕），而另一種張貼周期的海報，當然，是以更長期的方式推銷一項產品或是品

39 譯註：Colonnes Morris，巴黎街頭上綠頂圓柱的海報柱，由印刷業者Gabriel Morris發明於一八六八年，故稱之為「莫理斯柱」，主要用於張貼劇場與電影海報，為奧斯曼男爵的巴黎改造計畫中都市街道傢俱的一環，但在法國其他城市也很常見。今日的功能更為多元，可自動旋轉做多角度展現，用於夜間照明，內部空間則為道路養護的清潔用具儲藏室、公用電話室或公共廁所。

牌；這一類海報通常會在品牌字母縮寫或形象標誌的親切感上做文章（我們第一眼就能認出德妮媽媽[40]），要不然就是重新打造它們的影像；廣告海報也可以玩時間的趣味，製造一種懸疑的類型「下周我將脫掉我的絲襪」（這可不是地底下的祕密事件喔），都是為了吸引、留住觀眾的目光，因為這個觀眾不是坐在電視機前或電影院裡，而是一個路人。

剩下的就是要去分析廣告的內容，在這之前還得先記下，相較於其他公共場所，哪些是專屬於地鐵裡廣告的主題和表現形式。我們可以推定根本的不同在於，地鐵裡的影像特性是固定的，相反地，視聽媒體的影像特性則是短暫、流動的；不過這種區別僅止於相對的，

40　譯註：La Mère Denis（1893-1989），是法國一九七〇年代家喻戶曉的廣告明星，因其曾為洗衣婦而被找去為品牌「Vedette」拍攝洗衣粉和洗衣機廣告，她的笑容、獨特口音和老農婦形象讓當時的廣告詞傳遍法國。

如果我們能說，這和坐在電視機前的情況相反，在地鐵裡，是觀眾移動而影像停留在原地，就必須補充說明，對於總是會再回來、再經過的旅客觀眾，以上兩種不同類型的影像，無疑地會因為他們的循環回返性質而達到一樣的效果；然而我們也同樣可以思考，地鐵裡的影像和告示的特殊性是否和它的地底性質有關係。地鐵裡的影像，就如同周刊裡的一樣，極少能被多次觀看；這經常是一種奇特的關係，甚至短暫且隱約有些羞恥的，觀看者和影像創造出一種同盟關係，帶有曖昧不明的串通意味，當廣告以審美之名展現身體的影像，挽回窺淫癖者的名譽之時，這些影像也同時直接被親密感受為如情色的挑逗。塗鴉、加註文字、猥褻的圖案見證這種挑逗的性質，它們對這些加以評論或是將這部分補得更完整，有時還挺狂放猛烈，塗鴉文字劃過女性內衣，「輕薄」內衣的精緻纖細顯然被視為一種侵犯的誘惑，就如同「豐潤柔軟」的嘴（人們不會訝異我在這裡使用的形容詞，這些全是從車站文學[41]裡借用而來的），這些嘴邀請我們一起鑑賞巧克力的滋味或口紅的品質，也誘發某些野性藝術家老實說相當多餘的幻覺。無論如何，某一個關於身體和美的概念，透過內衣、泳衣或氣泡飲料的廣告傳播開來，或多或少被強烈記住，或多或少被廣泛包容：為了確定它所及的確切範圍和影響，我們的人類學家仍要企圖觀察，不同類別的個體——團體或單獨、年輕或成年——對影像反應的方式，忽略它或是評論它，研究它或是閃避它卻又偷偷地看上一眼，這種觀察是很有助益的。

41 譯註：La littérature de gare，意指人們在車站裡買來打發等車或通勤時間的消遣讀物，通常是容易且閱讀迅速的偵探間諜小說或言情小說；也被用來意指商業性濃厚或文學性低的大眾讀物。

附帶一提，要注意的是，如果他的田野調查，如同所期望的，能延續好幾年，他將有全面的機會去觀察各種意味深長的演變，就好比，如果我們的研究還停留在身體概念的演變上，便可觀察到男性身體已登上慾望對象的高位：內衣、香水、牛仔褲或酒精濃度較高的啤酒，由影像大舉頌揚它們的優點，從此化身為男子氣概的象徵，並被視為用以彰顯的物品；而因為相比於以女人作為對象的影像，我們大抵對以男人作為對象的影像較不習慣，所以這一類的廣告效果在同時間對我們來說更易於感知：它完全源自於一種謬論，努力要我們認為，如果剛強有力的男人身著這一品牌或那一品牌的三角褲或牛仔褲，那麼穿著同一牌子衣物的男子也會同樣雄渾有魄力。但是這個借代的翻轉在以下情況將沒有任何機會發揮它的效果（鼓勵男人們，或他們的女人，購買這些三角褲或牛仔褲的效果）：假如，這些由畫家或攝影師製成、外形和隆起處極具寫實意味的影像，所並置而成的單一畫面沒能打動我們心生信念，那是因為它未製造出，當我們在其他人身上看到這項產品時，一種幾近神奇魔力的類比效果。

身體的影像也自行擴寬至生活藝術和幸福的藝術的面向，當它與其他主題相結合：希臘、突尼西亞、摩洛哥以及這些地方的陽光；充滿自信與堅定、安心寧靜的成熟感，好似允諾成年大眾可以過得猶如美國明星般；標準規格的平房擔保健康與富足，立在綠色草坪上就如同電影場景，一旁有花園，另一旁有庭院，沐浴日光下的身體閃閃發亮，這些景象的描繪呈現家庭生活的愜意舒適，更為了表現滿足生活想望與樂趣的能力。可以非常肯定的是，地鐵並未壟斷這些影像和主題，它們就算不是一種「對世界的看法」，至少也是關於個體和生活的影像，而地鐵肯定不是唯一傳播這些影像的地方。然而，很顯然的是，一方面，這些影像散發特定的力量，在地底下每日陪伴所有經過的人們，陪伴他們這段分隔而出、僅僅是為了從一個社會關係的形式轉換到另一形式的過渡時間。另一方面，這些影像的性質（的確，有令人想望的苗條胴體，但也有充滿表現張力的身體，透過身體姿態、步伐、眼神表現內在情感）應該特別要從時代來考量：這個時代的小毛病就是喜歡擬人化，和不斷以歷史主體為題材的創作（資本先生與土地女士[42]的生活因此很忙碌），而所有的圖像和宣傳文案總試圖要人聯想，存在的真實本質就顯現在表相：董事長的外形是什麼樣，輿論的情緒如何，企業怎樣算健康？

人類學因為認定其他社會和我們的不同，所以長期享有特權地

42 譯註：Monsieur le Capital et Madame la Terre，此形容出自馬克思的《資本論》。

研究它們，然而在這些社會和我們的社會裡，我們今天都同樣越來越敏感於人與物的外表，這是唯一易於感受並可以產生意義的：聲音的音調比說話的內容更容易被感受，眼神的堅定比思想的決意更清楚，對裝扮、「桃子般的嬌嫩」、臉型等更敏感。從此觀點來看，在地鐵上，總之，就像西班牙客棧[43]，每個人發現的是他所帶來並引起的（反叛或魅力，而更常見的是，兩者的微妙結合），同時也發現一種客觀的證實，對於環繞他的世界的現實，以及在那裡精采展現的社會準則與價值：影像不斷地證實影像。

這個影像的作用定義了一個所有人經常出入與共享的世界。但

---

43 譯註：Auberge espagnol，來自十八世紀外國人對西班牙客棧的壞名聲，今日意指我們在某個地方或情況只能找到自己所帶去的東西，或是，可以和來自四面八方、各式各樣的人相遇。

是人類學家，就如任何一人，他知道，未經區分的社群世界是不存在的，而社會價值，以及其餘的一切，也都同樣不能被分享。他的質性研究工作因此得要朝第二個方向探索，而且在全面考量過的情況下，進而探索他研究的地鐵站的所有轉運方向。因為每一地區的地理不代表就是每一地鐵站的地理，會在白日頻繁出入幾個最繁華的地鐵站的，通常都是在那裡工作卻不住在那一區的人：因此富蘭克林-羅斯福站是一個屬於大眾的地鐵站，公司的小幹部和秘書，大量的職員在那裡上車下車。非常肯定的是，在這一站的上層（唯指上層，因為有一定數量的乘客打此經過，但他們從不到下層），有許多人擦肩而過，卻不會和彼此相遇。

還有許多有趣的觀察可以從這一方面在地鐵站裡或它的周遭進行；我們的人類學家由此可以注意到逐漸進駐的各種商店，正式地或偷偷摸摸地，在這交叉路口，我們稱之為交匯站的地方，人類學家也可能夢想一個場所漸進的神聖化，這裡匯集了所有現代世界的構成分子和寓意（每日的新聞時事與報刊雜誌，商業與時尚，廣告與它所輪替製造的意識形態，辦事窗口後的公共職責與機能，法律和它的執行代理人——或許在共和國站比在富蘭克林–羅斯福站更顯而易見——當然還有青春、工作、即將到來的假期——張貼牆上的海報就如同對假期的承諾——外國人，觀光客或移民）。這一類型的地點（公共廣場、市場、十字路口）在所有文明裡不都是儀式場所嗎？我們獻祭的又是哪一個赫密士（Hermès）？也許，就因這一刻的心情，人類學家驀然想到，面目模糊的乞丐那粗俗不完整的身影，或是不知名音樂家的激情，在這人類命運的交叉口，扮演了神祇的存在，而我們則向他們施捨恩惠，好讓生活繼續；或者是，以較缺乏詩意但不乏涂爾幹意味的角度，從信奉樂觀主義和政教分離，到變得積極狂熱，人類學家可能會認為，一個交叉口的存在，沒有神祇、沒有激情、沒有搏鬥和掙扎，體現了今日社會最先進的階段，並預示整個民主的理想典範。

他剩下要做的事是轉換視點、離開他見證的地鐵站，以偵探推理、多情戀慕、充滿好奇的方式，尾隨其中幾個乘客，直到那時他只想像過他們的路徑，而現在則要重建。也許，他具備大量的耐心和才能，記下了多樣多量的描述、重新繪製行走的路線、理解各式行為舉止、體會或是耗盡同情和感覺，那麼他就能夠為現代性勾勒輪廓，如同奧斯卡劉易士（Oscar Lewis）[44]成功為貧窮所做的貼切畫傳：筆下描繪的人物既脆弱又生氣勃勃，也許比寫實更為真實，一個「文化」的肖像，也就是說，每個人藉此感到同時和他人相似又有別於他們——然

44 譯註：美國人類學家，著有人類學經典《貧窮文化》（*Culture of Poverty*）。

而並未如此相異，因為當面對其他的他人，每個人都感到自己從未和他人如此聯繫在一起。

結語

關於廣義的地下鐵

地鐵、工作、睡覺（Métro, boulot, dodo）：只有漫不經心的嘲諷會指責這組序列如同現代異化的象徵。和它對應的各種強制亦是整個社會生活的約束；若是停留在這個語法上，我們甚至可以注意到，這組序列裡有點煩亂不安的否定意味（不要再有工作、不要再搭地鐵、不要再睡覺），也許這個否定比較適合作為今日時代艱難的象徵，它意味著要有自由時間和失眠遊盪，得先失業。地鐵、工作、睡覺：值得關注的反而是去瞭解，從社會生活的全部約束中如何產生個人生活的意義。除卻某些文化上的細節和技術上的調配，每個社會都有它的地下鐵，強制每個個體接受固定的路線，在那裡他尤其能體會到他和他人關係的意義。在所有學科之中，民族誌很久前便指出了，意義來自異化，但這真相始終是種悖論，因為有好一些關於個體的概念與之抗衡，這些概念深紮於身體敏感的事實，並從這個立場回敬，定義社會屬性的限制和意義。

尤指巴黎的地下鐵

我大三的時候，我們的法文教授要我們去注意，法文裡最美的亞歷山大詩體就標示在地鐵車門的玻璃窗上。事實上，不過幾年前的時間(因為這些以最初句式寫成的說明文字，今天已經消失)，巴黎大眾運輸公司(RATP)仍使用這些措詞解釋禁令的意思：

「列車不能離去直至車門關閉。」(Le train ne peut partir que les portes

fermées.）

這個亞歷山大體具有完美的拉辛風格，以它結尾無聲的「e」賦予句子一個延長的振顫，令我們的教授著迷喜愛，而後來使用的句子儘管有著周到文雅的語調，卻沒那麼令人滿意，因為語句中的頓挫安排得頗為失禮，加上最後以陰性音節結尾，但和前者並不押韻：

「請勿妨礙車門關閉。」（Prière de ne pas gêner leur fermeture.）

同時，教授也以地下鐵向我們闡述巴斯卡（「我們全登車／船了」）[45]，以致於地下鐵的意象對我來說，總是會聯結到人類旅程的不可抗拒與

45 譯註：Blaise Pascal，法國十七世紀數學家、思想家，人生後期專注於神學與哲學寫作，其未完成的鉅著隨筆由後世集結為《冥想錄》。此意象即出自《冥想錄》中「無限-空無」的片段，意指我們全上了船，被捲入無名海洋、不可預料的飄泊旅行，而註定要參與上帝是否存在的賭局。

不可逆轉的特性；這是一個古典悲劇與道德嚴格的年代：彷彿我還活在十八世紀下半葉和十九世紀上半葉。不過，地下鐵已教導我，人們永遠可以換月台和路線，而如果我們無法逃脫它的網絡，至少它可以讓我們繞行某些美麗的道路。

巴黎地鐵上的人類學家
UN ETHNOLOGUE DANS LE METRO

作者　馬克・歐傑 Marc Augé
譯者　周伶芝、郭亮廷
總編輯　周易正
責任編輯　陳敬淳
封面設計　賴佳韋
行銷業務　李玉華、華郁芳、謝婉渝
排版　Bear工作室
印刷　崎威彩藝
版次　二〇一四年九月初版一刷

定價　二二〇元
ISBN　978-986-90877-1-1

出版者　行人文化實驗室（行人股份有限公司）
發行人　廖美立
地址　10049台北市北平東路20號10樓
電話　（02）2395-8665
傳真　（02）2395-8579
郵政劃撥　50137426
網址　http://flaneur.tw

總經銷　大和書報圖書股份有限公司
電話　（02）8990-2588

國家圖書館出版品預行編目資料

巴黎地鐵上的人類學家 / 馬克・歐傑（Marc Augé）
作；周伶芝、郭亮廷翻譯.
--初版. --臺北市：行人文化實驗室，2014.09
152面；13 x 19 公分
譯自：Un ethnologue dans le metro
ISBN 978-986-90877-1-1(平裝)
1.社會人類學

541.3　　103014798

UN ETHNOLOGUE DANS LE METRO de Marc AUGE

本書獲法國在台協會《胡品清出版補助計畫》支持出版
Cet ouvrage, publié dans le cadre du Programme d’Aide à la Publication 《Hu Pinching》, bénéficie du soutien du Bureau Français de Taipei.